New 다락원 일본어

Upgrade Japanese

STEP 4

二日市壯·吉本一·門脇薰·鄭大成 공저

다락원

머리말

『New 다락원 일본어 Step 4』는 일본어의 기초와 초급 단계를 마친 학습자들이 좀더 수준 높은 회화 능력을 키우기 위한 교재입니다.

전 단계에서 익힌 문법을 복습·응용하여 더 높은 단계의 회화를 구사할 수 있도록 구성하였으며, 또한, 중·고급 수준을 다루는『New 다락원 일본어 Step 5』로 자연스럽게 이어 학습할 수 있도록 수준을 조정하였습니다.

한국에는 수많은 일본어 교재들이 있지만, 대부분이 기초나 초급 단계 아니면 고급 단계로서 그 중간 단계가 쏙 빠져 있는 듯합니다. 한국에서 오랫동안 일본어를 가르쳐 온 필자들 역시 그것을 절실히 느꼈고, 또한 다른 선생님으로부터도 그 같은 볼멘소리를 종종 들었습니다.

그래서 우리 손으로 좋은 교재를 만들어 보자고 덤벼들었는데 생각처럼 쉽지 않았습니다. 총 14명의 선생님이 본문이나 예문을 만들었고, 그것을 토대로 4명의 저자가 편집·저술을 하였습니다. 본보기가 될 만한 책이 없는 상황에서 참으로 많은 고민을 하고 많은 시간 진지한 토론을 하면서 고치고 또 고치는 작업을 거듭하였습니다. 본서『New 다락원 일본어 Step 4』는 그렇게 해서 탄생한『다락원 일본어 회화 중급』에 약간의 손질을 더해 보다 자연스러운 일본어가 되도록 하였습니다.

중고급 수준(일본어 능력시험 2급 이상)의 문형 가운데 실제 회화에서도 쓰일 만한 문형 111개를 선정하여 생동감 있는 회화 형태로 엮었고, 또 다양한 예문과 3단계의 연습 코너를 두어 어려운 부분까지도 재미있게 익힐 수 있도록 만전을 기했습니다.

필자들 나름대로는 최선의 노력을 다하였으나, 잘못된 점이나 부족한 점도 있을 것입니다. 이 책으로 가르치고 배우는 여러분들의 많은 조언을 부탁드립니다.

끝으로 이 책이 나오기까지 여러모로 도와 주신 다락원의 관계자 여러분께 감사의 말씀을 드립니다.

저자 씀

이 책을 사용하시는 분들에게

① 이 책은 『New 다락원 일본어 시리즈』의 제 4단계 교재로, 학습자의 표현력을 심화시키는 것을 목표로 하는 중급 회화 교재입니다.

② 이 책에서는 중·고급 수준(일본어 능력시험 2급 이상)의 문형 가운데 실제 회화에서도 쓰일 만한 111개를 선별하여 기능별·난이도별로 제시하였습니다.

③ 이 책은 총 20과로 구성되어 있습니다.

④ 각 과의 첫 페이지에서는 그 과에서 학습해야 할 기능 및 포인트 문형인 チャレンジ文型를 제시하고, 네 컷 만화로 그 문형들의 기능과 의미를 미리 보여 줍니다(네 컷 만화의 일본어 번역은 본책 부록에 실려 있습니다).

⑤ アップグレード会話에서는 각 과의 포인트 문형을 재미있는 상황 회화로 엮어 표현력을 한 단계 업그레이드 할 수 있도록 하였습니다. 또한, MP3 파일을 듣고 말함으로써 더욱 효과적으로 학습할 수 있습니다. 다만 회화체 특유의 축약 표현 등도 나오기 때문에 会話練習를 먼저 배우는 것이 쉬울 수도 있습니다.

⑥ ポイントスタディ에서는 チャレンジ文型에 대한 해설과 다양한 예문을 제시하여 확실히 이해할 수 있게 하였습니다.

⑦ 会話練習에서는 '보고 말하기, 바꿔 말하기, 자유롭게 말하기' 과정을 통해 チャレンジ文型를 다양하게 응용해 보는 연습을 할 수 있습니다.

⑧ ロールプレイ에서는 チャレンジ文型를 이용하여 주어진 역할과 상황에 맞게 말하는 연습을 할 수 있습니다.

⑨ 自由会話에서는 제시된 질문에 자유롭게 대답하는 과정을 통해서 종합적인 회화력을 키우고, 다음 단계로 올라갈 수 있도록 하였습니다.

등장인물 소개

이 책에는 다음의 인물들이 등장하여 재미있는 스토리로 여러분의 학습을 도와줍니다.

한국인

朴昌浩 박창호
(요시무라 야스타카의 제자,
현재 벤처 기업 사장)

李美淑 이미숙
(일본 출판사의 편집자 겸 기자)

金恵英 김혜영
(일본 대학에 다니는 한국인 유학생,
현재 4학년, 이와사키와 호소카와의 후배)

일본인

岩崎健太 이와사키 겐타
(일본 문학을 전공하는 대학원생)

細川和幸 호소카와 가즈유키
(일본 문학을 전공하는 대학원생,
이와사키의 친구)

吉村康孝 요시무라 야스타카
(대학 교수, 과학 철학 전공)

西川武 니시카와 다케시
(자동차 회사 영업부장)

田中純一 다나카 준이치
(자동차 세일즈맨)

藤原えりか 후지와라 에리카
(자동차 세일즈우먼,
호소카와 가즈유키의 여자친구)

松本なな子 마쓰모토 나나코
(자동차 세일즈우먼)

그 외

吉村京子
요시무라 교코

경찰관

加藤ゆき
가토 유키

피부 미용사

학습 포인트

01 マンガについて
대상, 목적, 수단 등 말하기

(1) ～について
(2) ～向け
(3) ～に対して
(4) ～ように
(5) ～によると

02 先輩に限って
상황이나 조건을 한정하거나 추가하기

(1) ～に限って
(2) ～限りでは
(3) ～に限らず
(4) ～ばかりでなく
(5) ～うえ(に)
(6) ～に加えて

03 読んでいるうちに
때나 장면, 한계 말하기

(1) ～ところ
(2) ～うちに
(3) ～(の)最中
(4) ～際(に)
(5) ～だけ

04 かたい話はぬきにして
동시 진행 등 말하기

(1) ～ついでに
(2) ～がてら
(3) ～かたわら
(4) ～をこめて
(5) ～をぬきにして

05 ドアを開けたとたん
사건의 시간성 말하기

(1) ～たとたん
(2) ～次第
(3) ～てはじめて
(4) ～て以来
(5) ～てからでないと

06 場合によっては
관계, 계기 등 말하기

(1) ～によって(は)
(2) ～に応じて
(3) ～たびに
(4) ～をきっかけに
(5) ～に関係なく
(6) ～を問わず
(7) ～はともかく

07 そんなにしてまで
예시, 강조해서 말하기

(1) ～とか
(2) ～やら
(3) ～こそ
(4) ～まで
(5) ～なんか/なんて
(6) ～だって
(7) ～(で)さえ

08 結論から言うと
관점, 기준 등 말하기

(1) ～上
(2) ～にとって
(3) ～から言うと
(4) ～から見れば
(5) ～として(は)
(6) ～なり
(7) ～とおり

09 見かけによらず
비교, 대비하여 말하기

(1) ～どころか
(2) ～にひきかえ
(3) ～によらず
(4) ～かわりに
(5) ～に限る

10 結婚するってことは
화제 제시하기

(1) ～って
(2) ～{と/って}いうのは
(3) ～{と/って}(いう)ことは

(4) ～{と/って}いえば
(5) ～ったら

11 お金もないくせに
반대 사실 말하기

(1) ～ところを
(2) ～ながら
(3) ～といっても
(4) ～くせに
(5) ～にもかかわらず

12 編集者だけあって
원인, 이유 등 말하기

(1) ～おかげで
(2) あまりの～に
(3) ～ばかりに
(4) ～からこそ
(5) ～ところを見ると
(6) ～だけあって

13 信じがたい話
가능성 등 말하기

(1) ～がたい
(2) ～うる・～えない
(3) ～かねる
(4) ～わけにはいかない
(5) ～ようがない

14 暇さえあれば
가정, 조건 말하기

(1) ～さえ～ば
(2) ～ないかぎり
(3) たとえ～ても
(4) ～たところで
(5) ～としたら

15 ちょっと疲れ気味
상태, 모습 등 표현하기

(1) ～気味
(2) ～っぽい
(3) ～ほど
(4) ～ところ
(5) ～きる

16 お子さんが生まれそうだとかで
들은 일이나 추측한 것 말하기

(1) ～との
(2) ～ということだ
(3) ～とか
(4) ～とかで
(5) ～かねない
(6) ～おそれがある

17 できないことはないですよ
부분 부정, 이중 부정으로 말하기

(1) ～とは限らない
(2) ～わけがない
(3) ～はずがない
(4) ～ことは～が(けど)
(5) ～どころではない
(6) ～ないことはない

18 くやしくてたまらない
억누를 수 없는 감정 표현하기

(1) ～ざるをえない
(2) ～てしょうがない
(3) ～てたまらない
(4) ～かぎりだ
(5) ～ないわけにはいかない

19 全力をあげようじゃないか
권유, 충고 등 표현하기

(1) ～ことだ
(2) ～ものだ
(3) ～んだ
(4) ～べきだ
(5) ～(よ)うではないか

20 美しい地球を残したいものです
감탄, 소망, 주장 등 표현하기

(1) ～(より)ほかない
(2) ～ものがある
(3) ～ことか
(4) ～ことに(は)
(5) ～ないものか
(6) ～たいものだ

차례

머리말		3
이 책을 사용하시는 분들에게		4
학습 포인트		6

01	マンガについて	9
02	先輩に限って	17
03	読んでいるうちに	25
04	かたい話はぬきにして	33
05	ドアを開けたとたん	41
06	場合によっては	49
07	そんなにしてまで	57
08	結論から言うと	65
09	見かけによらず	73
10	結婚するってことは	81
11	お金もないくせに	89
12	編集者だけあって	97
13	信じがたい話	105
14	暇さえあれば	113
15	ちょっと疲れ気味	121
16	お子さんが生まれそうだとかで	129
17	できないことはないですよ	137
18	くやしくてたまらない	145
19	全力をあげようじゃないか	153
20	美しい地球を残したいものです	161

부록

네 컷 만화 일본어 번역	170
롤플레이 답안례	173

01 マンガについて
대상, 목적, 수단 등 말하기

【チャレンジ文型】
1. ～について
2. ～向け
3. ～に対して
4. ～ように
5. ～によると

▶ 모차르트에 대해서

※ 이 만화의 일본어 번역은 〈부록 p.170〉에 있습니다.

アップグレード会話

マンガについて

大学の図書館で／岩崎健太と金恵英

[金恵英が図書館でレポートのためにマンガを調べている。]

岩崎： 恵英さん、何、読んでるの？ あっ、マンガだ。

金： あっ、岩崎先輩、実は今、日本のマンガについて調べているんです。

岩崎： えっ、マンガの研究？
マンガは、ただ読んで楽しめばいいんじゃない？

金： それが違うんです。日本はマンガ天国でしょう。若者向けのマンガもあるし、子ども向け、女性向け、歴史や経済、科学のマンガもあるし……。

若者向けのマンガもあるし、子ども向け、女性向けのマンガもあるし……。

岩崎
金

岩崎： そうだね。それにマンガに対して、アレルギーを持ってる人もほとんどいなくなったし。

金： ええとですね。この本によると、マンガには、まずユーモアや空想の精神が必要だと書いてあります。

岩崎： ああ、わかった。レポートを書くんだ。では、いいレポートが書けるように、僕の持っているマンガを全部貸してあげよう。

語句・表現

マンガ 만화
先輩 선배
研究 연구
楽しむ 즐기다
天国 천국
若者 젊은이
〜向け 〜용
女性 여성
歴史 역사
経済 경제
科学 과학
アレルギー 알레르기
ユーモア 유머
空想 공상
精神 정신
必要だ 필요하다
全部 전부
貸す 빌려 주다

ポイント・スタディ

❶ 〜について ~에 관해서

A: 誰か、韓国の仮面について詳しい人がいますか。
B: はい。それなら、私が一番よく知っています。

❷ 〜向け ~용

A: 子ども向けの本を探しているんですが。
B: では、これはいかがでしょうか。

❸ 〜に対して ~에 대해서

A: これでは困る。契約違反だ。
新日本社に対して損害賠償を請求しよう。
B: はい、早速、文書を作らせます。

Point Study

❹ ～ように ～도록

A: 純子、韓国語の勉強始めたんだって。

B: 先月からね。早くマスターできる**ように**がんばるわ。

❺ ～によると ～에 의하면, ～에 따르면

A: 何かあったんですか。

B: ええ、さっきのニュース**によると**、高速道路で大きな事故があったそうです。

誰か 누군가	探す 찾다	先月 지난달
仮面 가면	いかがでしょうか 어떻습니까?	早く 빨리
詳しい 상세히 알다	困る 곤란하다	マスターする 터득하다
よく 잘	契約違反 계약 위반	さっき 아까, 방금
知る 알다	損害賠償 손해 배상	ニュース 뉴스
	請求する 청구하다	～そうだ ~라고 한다
	早速 즉시, 바로	
	文書 문서	

会話練習

会話練習をしてみましょう！

～について

A： 何してるんですか。

B： ちょっと、¹90年代の日本について²調べてるんです。

> ¹戦国時代の武将　　²資料を集めてる

～向け

A： ¹このプログラムは²使いやすいですね。

B： そうですね。³初心者向けですから。

> ¹この番組　　²わかりやすい　　³子ども

Exercises

練習の仕方 ≫ 1. ペアで話してみよう。　2. 入れ替えて話してみよう。　3. 自由に話してみよう。

3
〜ように

A：　<u>¹もう一杯</u>いかがですか。

B：　すみません。<u>²健康を害さない</u>ように、<u>³お酒はほどほどにしています</u>から。

　¹おやつ　　²プロポーションを維持できる　　³間食は控えて

4
〜によると

A：　あら、<u>¹傘持っていくの</u>？

B：　うん、<u>²天気予報</u>によると、<u>³午後から雨が降る</u>そうだから。

　¹何、考え込んでる　　²今日の新聞　　³株価が暴落したらしくて

01 マンガについて　15

ロールプレイ　チャレンジ文型を使ってロールプレイをしてみましょう！　Role Play

➡ 〜について　〜向け　〜に対して　〜ように　〜によると

A: Bさんに何か面白い本を持っているかどうか聞き、持っていたら貸してもらってください。

B: Aさんに自分が持っている本について説明し、何か理由をあげてAさんの頼みを断ってください。

自由会話　自由に話し合ってみましょう！　Free Talking

1. マンガが好きですか。好きなマンガの題名を3つあげてください。

2. 1ヶ月に何冊ぐらいマンガを読みますか。最近読んだマンガについて話してください。

3. アニメーションはどうですか。これまでに見たアニメーションで、よかったと思うものを、3つあげてください。その理由も説明してください。

4. もし、マンガのストーリーを考えるとすれば、どんな内容のものにしますか。説明してください。

02 先輩に限って
상황이나 조건을 한정하거나 추가하기

【チャレンジ文型】
1. ～に限って
2. ～限りでは
3. ～に限らず
4. ～ばかりでなく
5. ～うえ(に)
6. ～に加えて

▶ 생일자에 한해서

※ 이 만화의 일본어 번역은 〈부록 p.170〉에 있습니다.

アップグレード会話

先輩に限って
学生食堂で／金恵英(キムヘヨン)と細川和幸(ほそかわかずゆき)

[先輩の細川和幸に後輩の金恵英が話しかけている。]

金　：先輩、どうしたんですか。
　　　最近、何か疲れているようですね。

細川：修士論文の準備で大変なうえに、来週はゼミの発表だろう。レポートもあるし、それに加えて、一番大変なのが就職なんだ。大学院を出ても、就職先がないかも。

金　：先輩に限って、そんなことはありませんよ。

細川：そうかなあ。

先輩に限って、そんなことはありませんよ。

金　：先輩はいつもよく勉強してるし、それに勉強**ばかりでなく**新聞やテレビもよく見てますからね。

細川：新聞やテレビも入社試験のためなんだ。とにかく僕**に限らず**、みんな苦労してるよ。僕が聞いている**限りでは**、まだ誰も就職先が決まっていないようだよ。

金　：就職先は、きっとそのうち見つかりますよ。それより今度の日曜にハイキングがあるんですけど、気晴らしに行ってみては？

細川：そうだなあ。じゃ、行ってみるか。

語句・表現

疲れる 피곤하다, 지치다
修士論文 석사 논문
準備 준비
大変だ 힘들다, 고생스럽다
ゼミ 세미나
レポート 리포트
就職先 취직처, 일자리
入社試験 입사 시험
苦労する 고생하다
きっと 꼭, 반드시, 틀림없이
ハイキング 하이킹
気晴らし 기분 전환

ポイント・スタディ

❶ ～に限って ～만은, ～인 경우만은

A: さあ、ケーキ食べようか。
B: わあ、おいしそう。
C: 君はこういう時に限って現れるね。

❷ ～限りでは ～는 바로는, ～는 한은

A: 彼には、小学生の男のお子さんがいましたよね。
B: 私が知っている限りでは、女の子が一人いるだけですよ。

❸ ～に限らず ～만이 아니라, ～뿐만 아니라

A: この製品に限らず、最近、不良品が多いですよ。
B: どうも申し訳ありません。

❹ ～ばかりでなく ～뿐만 아니라

A: テコンドーを長く続けると、体がたくましくなりますよね。
B: 体ばかりでなく、精神も鍛えられるんですよ。

Point Study

❺ ～うえ(に) ～인 데다

A: ゆうべは、すっかりまいったよ。
B: どうしたんですか。
A: タクシーはつかまらないし、雪は降ってくるし、そのうえ、酔って財布をどこかに落としたらしいんだよ。

❻ ～に加えて ～과 함께, 게다가

A: 近頃、会社の景気はどうですか。
B: 世界的に半導体の値が下がっているのに加えて、最近の円安でさっぱりですよ。

言葉ノート

	不良品 불량품	タクシー 택시
	テコンドー 태권도	つかまる 잡히다
	続ける 계속하다	酔う (술에) 취하다
ケーキ 케이크	たくましい 튼튼하다	落とす 떨어뜨리다
こういう 이러한	精神 정신	近頃 요즘, 최근
現れる 나타나다	鍛える 단련하다	半導体 반도체
小学生 초등학생	ゆうべ 어젯밤	値が下がる 가격이 떨어지다
お子さん 자녀 분	すっかり 완전히	円安 엔저
製品 제품	まいる 녹초가 되다, 질리다	さっぱりだ 형편없다, 말이 아니다

会話練習

会話練習をしてみましょう！

1 〜に限って

A: ¹お先真っ暗で、これからどうなるか心配だなあ。

B: ²先輩に限って、心配ないですよ。³人一倍の努力家ですから。

¹不景気続きで　²うち　³私のような優秀な社員がいます

2 〜限りでは

A: あの人、¹交通事故で大けがをしたそうですね。

B: ²私の聞いた限りでは、³命はとりとめるようですよ。

¹学内一の秀才だ　²僕の知る　³カンニングの天才みたいです

Exercises

練習の仕方 ≫ 1. ペアで話してみよう。　2. 入れ替えて話してみよう。　3. 自由に話してみよう。

3 ～に限らず

A: あれ、¹今日は休みですか。

B: そうですよ。最近では、²うちの会社に限らず、³ほとんどの会社が土曜日も休みですよ。

¹ こんな時間までお勉強です　² うちの学校　³ どこの学校でも必死です

4 ～うえ(に)

A: ¹ごちそうになったうえに、²こんなにたくさんお土産をいただいて、本当にすみません。

B: いいえ、どういたしまして。またいらしてください。

¹ あちこちご案内くださった　² 何から何まで気をつかってくださって

02 先輩に限って　23

ロールプレイ　チャレンジ文型を使ってロールプレイをしてみましょう！　Role Play

➡ ～に限って　～限りでは　～に限らず　～ばかりでなく　～うえ(に)　～に加えて

A: 会社の面接担当者です。面接を受けるBさんにいろいろ質問してください。

B: Aさんの会社に面接試験を受けに来ました。Aさんの質問に答えてください。

自由会話　自由に話し合ってみましょう！　Free Talking

1. どんなところに就職したいですか。目標とその対策を話してください。すでに就職しているか就職が決まっている人は、体験談を話してください。

2. 期限までにしなければならないことがたくさん重なって、とても忙しい時があります。そうした時のことを話してください。

3. ハイキングに参加したことがありますか。みなさんの体験談を話してみてください。

03 読んでいるうちに
때나 장면, 한계 말하기

【チャレンジ文型】　1. ～ところ　　2. ～うちに　　3. ～(の)最中
　　　　　　　　　4. ～際(に)　　5. ～だけ

▶ 생각하고 있는 중이야

※ 이 만화의 일본어 번역은 〈부록 p.170〉에 있습니다.

アップグレード会話

読んでいるうちに

電話で／吉村康孝と李美淑（イミスク）

[吉村康孝教授のところに、出版社の李美淑が電話してくる。]

吉村： もしもし、吉村です。

李： あっ、吉村先生のお宅ですか。いつもお世話になっています。李美淑です。早速ですが、原稿の方はいかがでしょうか。

吉村： ああ、今、電話しようと思っていた**ところ**ですよ。少し遅れているけど、残りを書いている**最中**なんです。

李： そうですか。ところで、このあいだいただいた原稿を読んでいる**うちに**気がついたんですけど、イラストをたくさん使ったらどうでしょうか。

吉村
李

吉村： そうですか。
　　　私の方もできるだけ面白く書きますよ。
　　　それから、校正の際に少し手直しします
　　　からね。

李　： わかりました。原稿は明日の夕方、取りにう
　　　かがいますから、それまでにお願いします。

吉村： ああ、いいですよ。

李　： 本当は、締め切りはおとといだったんです
　　　けど。

吉村： これからは遅れないようにしますから。

李　： よろしくお願いします。では失礼します。

語句・表現

お世話になる　신세 지다
早速ですが　다름이 아니라
原稿　원고
遅れる　늦다
残り　나머지
このあいだ　지난번, 요전번
気がつく　생각이 나다, 생각이 들다
イラスト　일러스트
使う　사용하다
校正　교정
手直しする　수정하다
うかがう　찾아가다, 찾아오다
締め切り　마감
これから　앞으로

ポイント・スタディ

❶ 〜ところ 막 〜는 참

A: あのう、さっきチャーハン頼(たの)んだんですけど、まだですか。
B: すみません。コックが新米(しんまい)で、まだたまねぎをきざんでいるところなんです。

❷ 〜うちに 〜고 있는 사이에, 〜다 보니

A: どうして遅(おく)れたんですか。
B: 電車の中で夢中(むちゅう)になって小説を読んでいるうちに、乗(の)り越(こ)してしまったんです。

❸ 〜(の)最中 한창 〜는 중(에)

A: あなた、何してるんですか。早く出かけましょう。
B: ちょっと待ってくれ。今、財布(さいふ)を捜(さが)してる最中(さいちゅう)なんだ。

Point Study

④　～際(に) ～때(에)

A: こちらがお部屋のカギ、それから、これがお食事券でございます。
B: これ、どうしたらいいんですか。
A: はい、明日、ご朝食の際に係の者にお渡しください。

⑤　～だけ ～만큼, ～정도

A: どうぞ、お好きなだけ、おとりください。
B: わあ、この際、遠慮なくどんどん食べてしまいますよ。

言葉ノート

	きざむ 나시다	朝食 아침 식사, 조식
	夢中になる 열중하다, 몰두하다	係の者 담당자
	小説 소설	渡す 건네다
チャーハン 볶음밥	乗り越す 지나치다	とる 집다, 들다
頼む 주문하다	出かける 외출하다, 나가다	この際 이 참에, 이번 기회에
コック 요리사	捜す 찾다	遠慮なく 거리낌 없이
新米 신참	食事券 식권	どんどん 자꾸, 실컷
たまねぎ 양파	～でございます ～입니다	

会話練習

会話練習をしてみましょう！

1 〜ところ

A: ¹おいしそうなケーキですね。

B: あ、ちょうど²食べようと思っていたところなんですよ。
³一緒にどうですか。

> ¹今日、そちらにおうかがいしてもかまいませんか
> ²そちらの方面に出かけようとしていた　³私の方から寄りますよ

2 〜うちに

A: ¹あの映画、見に行ったはずなのに、どうして覚えてないの？

B: ²眠っているうちに、³終わってしまっていたんだ。

> ¹これ、習ったことある　²いつも、クラスの女の子に見とれている
> ³授業が終わっていたんだ

Exercises

練習の仕方 ≫ 1. ペアで話してみよう。 2. 入れ替えて話してみよう。 3. 自由に話してみよう。

3
〜際(に)

A: **1** このズボン、大きすぎるような気がするんですけど。
B: 大丈夫ですよ。**2** 仮縫いの際に **3** 手直ししますから。

1 漢字が間違っている　**2** 校正の　**3** 直せばいいです

4
〜だけ

A: いらっしゃいませ。**1** どんなものをお探しですか。
B: **2** パーティー用のドレスがほしいんだけど。
A: いろいろございますので、お好きなだけご覧になってくださいませ。

1 何　**2** 今はやりのジーパン

ロールプレイ  Role Play

チャレンジ文型を使って
ロールプレイをしてみましょう！

➡ 〜ところ 　〜うちに 　〜(の)最中 　〜際(に) 　〜だけ

A: 昨日B食堂に手帳を置き忘れたようです。電話で問い合わせてください。

B: B食堂の主人です。Aさんに、手帳があったことを伝えてください。

自由会話　　自由に話し合ってみましょう！　　　Free Talking

1. 電車に乗っていて目的の駅を乗り過ごしたことはありませんか。その時の状況を話してください。

2. 誰にも失敗はあるものです。あなたの失敗談を話してください。

3. 何かをしている途中で突然急ぎの用事を頼まれたら、どうしますか。

04 かたい話はぬきにして

동시 진행 등 말하기

【チャレンジ文型】
1. ～ついでに
2. ～がてら
3. ～かたわら
4. ～をこめて
5. ～をぬきにして

▶ 바깥일도 하는 한편

※ 이 만화의 일본어 번역은 〈부록 p.170〉에 있습니다.

アップグレード会話

かたい話はぬきにして

町の中で／朴昌浩(パクチャンホ)と吉村康孝(よしむらやすたか)

[朴昌浩が吉村康孝教授に偶然出会(ぐうぜんであ)う。]

朴：　あっ、吉村先生じゃありませんか。朴昌浩です。覚(おぼ)えてらっしゃいますか。

吉村：　ああ、君か。いつも、一番(いちばん)前の席で講義(こうぎ)を受(う)けてましたね。

朴：　はい。今、どちらへお出かけですか。

吉村：　ちょっとはがきを買いに出たついでに、散歩(さんぽ)がてらこのあたりをぶらぶらしているんですよ。ところで、君は今どんな仕事をしてるんですか。

かたい話はぬきにして、このへんでいっぱい飲みましょうか。

朴： ベンチャー企業を経営してます。今話題のITです。おかげさまで、何とかやっていけるようになりました。

吉村： ほう、ITで成功したんですね。それはおめでとう。
たしか、君は学生時代も勉強する**かたわら**、どこかで働いていたよね。

朴： ええ、そうです。ところで、今度創立3周年記念パーティーがあるんです。感謝の気持ち**をこめて**、先生をぜひご招待させていただきたいんですが。

吉村： それはありがたいですね。
じゃ、今日は、かたい話**はぬきにして**、このへんでいっぱい飲みましょうか。

語句・表現

偶然　우연
出会う　만나다
覚える　기억하다
講義　강의
受ける　받다
お出かけですか　가십니까?
はがき　엽서
ぶらぶらする　어슬렁거리다
ベンチャー企業　벤처 기업
経営する　경영하다
話題　화제
何とか　그럭저럭
たしか　아마
学生時代　학창 시절
働く　일하다
ところで　그런데
創立　창립
～周年　~주년
記念パーティー　기념 파티
感謝　감사
ぜひ　꼭
招待する　초대하다
～させていただく　~하겠다(겸양 표현)
かたい　딱딱하다

ポイント・スタディ

❶ ～ついでに ～는 김에, ～는 기회에 같이

A: あら、珍しいですね。
B: ええ、この近くに来たので、ついでにちょっと寄りました。

❷ ～がてら ～ 겸, ～ 삼아

A: こないだウルルン島に行ってきましたよ。
B: へえ、いいですね。観光ですか。
A: いや、仕事がてら一泊しただけですけど。

❸ ～かたわら ～는 한편, 따로 ～

A: 君がボランティア活動をしているとは知らなかった。
B: 仕事のかたわら、暇を見つけては、やってるんです。

Point Study

❹ 〜をこめて 〜을 가지고, 〜을 담아

A: このおもち、とてもおいしいですね。
B: ええ、新潟の母が心をこめて、ついてくれたんですよ。
A: 愛情がこもっているんですね。

❺ 〜をぬきにして 〜을 빼고, 〜은 제외하고

A: 宝くじで5億ウォン当たったんだ。
B: ええっ、本当かい。
A: 実は夢だったんだ。でもうれしかったなあ。
B: 夢や冗談はぬきにして、早くこの問題の結論を出そうよ。

 言葉ノート

	一泊する 1박 하다	つく (떡을) 치다
	ボランティア活動 자원봉사 활동	愛情 애정
珍しい 이상하다, 드물다	暇 여유, 짬	こもる 담기다, 어리다
近く 근처	見つける 찾다, 발견하다	宝くじ 복권
寄る 들르다	やる 하다	当たる 당첨되다
観光 관광	おもち 떡	夢 꿈
仕事 일	新潟 니가타〈지명〉	冗談 농담
		結論を出す 결론을 내다

会話練習　会話練習をしてみましょう！

1 ～ついでに

A: <u>¹外に出る</u>ついでに、<u>²タバコを買ってきて</u>もらえませんか。

B: いいですよ。<u>³タバコは何ですか。</u>

¹ 今度、東京に行く　² 神田の古本屋で本を買ってきて　³ 必要な本のリストをください

2 ～がてら

A: どちらへお出かけですか。

B: ちょっと<u>¹散歩</u>がてら、<u>²郵便局まで行く</u>ところです。

¹ ドライブ　² 海岸の方に行ってみようかと……

Exercises

練習の仕方 >> 1. ペアで話してみよう。　2. 入れ替えて話してみよう。　3. 自由に話してみよう。

3 ～をこめて

A: わあ、<u>¹きれいな花束</u>ですね。
B: ええ、<u>²彼女からの愛</u>をこめて<u>³の贈り物</u>です。

　¹ おいしそう　　² あのおばさんが真心　　³ 作ってくれた料理

4 ～をぬきにして

A: ¹わざわざ待っていてくださって、ありがとうございます。
B: ²佐藤さんの送別会ですから、³主人公をぬきにしては⁴乾杯できませんよ。

　¹ こんなおいしいお酒をおごっていただいて　　² 韓国のビジネス社会では
　³ 酒　　⁴ 商談はできませんよ

ロールプレイ

チャレンジ文型を使ってロールプレイをしてみましょう！

Role Play

➡ ～ついでに　　～がてら　　～かたわら　　～をこめて　　～をぬきにして

● ひょんな　뜻밖의, 엉뚱한

A: Bさんとひょんな所で偶然出会いました。Bさんに、なぜここに来たのか聞き、食事に誘ってください。

B: Aさんとひょんな所で偶然出会いました。Aさんと話をしますが、食事は断ってください。

自由会話

自由に話し合ってみましょう！

Free Talking

1. 道で久しぶりに誰かに出会ったとき、どうしますか。いろいろな場合を考えて、話してみてください。

2. 身のまわりで、事業に成功した人がいますか。あればその話を、なければ何かで見聞きした話をしてください。

3. 「その話はぬきにして」と言われて、自分の意見が無視されたことはありませんか。その場にいる人の意見を上手にまとめる方法について、話し合ってください。

05 ドアを開けたとたん

사건의 시간성 말하기

【チャレンジ文型】
1. ～たとたん
2. ～次第
3. ～てはじめて
4. ～て以来
5. ～てからでないと

▶ 나온 순간

※ 이 만화의 일본어 번역은 〈부록 p.170〉에 있습니다.

アップグレード会話

ドアを開けたとたん

吉村家で／吉村夫妻（夫＝康孝、妻＝京子）と警察官

[吉村家に泥棒が入った。警察官がやってきて、吉村夫妻に尋ねている。]

警官： さっき110番されたのは、お宅ですか。何かあったんですか。

京子： ええ、泥棒です。泥棒に入られたんです。買い物から帰ってきてドアを開けたとたん、中から急に男が飛び出してきたんです。

警官： 家には、どなたもいらっしゃらなかったのですか。

康孝： ええ、二人で買い物に行っていたものですから。前に一度泥棒に入られて以来、戸締まりに気をつけていたんですがね。

警官： それで被害は？

 警察官

 吉村（夫）

 吉村（妻）

京子： 台所に入ってはじめてわかったんですが、
　　　ラーメンを作って食べていったらしいんです。

警官： で、犯人はどんな男でしたか。年齢は？

京子： 20代ぐらいかしら。

康孝： 実は私ははっきりとは見ていないんだけど、
　　　40歳前後じゃないかなあ。

京子： 背は高かったですよ。

康孝： いや、そんなに高くなかったよ。
　　　ああ、だんだんわからなくなってきた。
　　　ちょっと頭を冷やしてからでないと……。

警官： それではお二人のお話がまとまり次第、交番
　　　にご連絡ください。

語句・表現

警察官　경찰관
夫妻　부부
警官　경관
110番　범죄 신고 전화번호
泥棒　도둑
ドア　문
開ける　열다
飛び出す　뛰어나오다
戸締まり　문단속
被害　피해
ラーメン　라면
〜らしい　~인 것 같다
犯人　범인
年齢　연령, 나이
はっきりとは　확실히는
だんだん　점점
頭を冷やす　머리를 식히다
まとまる　정리되다, 모아지다
交番　파출소

ポイント・スタディ

❶ 〜たとたん 〜은 순간, 〜은 찰나

A: 昨日、浜川あゆみに会ったんだ。
B: えっ、あの女優の……？ どうして君が……？
A: 空港を出たとたん、フラッシュが光ったんで、振り向いたら、浜川あゆみがいたんだ。

❷ 〜次第 〜는 대로, 〜는 즉시

A: あれ、今日は中継がないんですかね。
B: 現地がにわか雨なので、雨があがり次第、中継が始まるそうですよ。

❸ 〜てはじめて 〜어서 비로소

A: 彼女が休学したのは、お父さんがリストラされたからだそうですよ。
B: ああ、そうなんですか。それを聞いてはじめて、理由がわかりました。

Point Study

❹ 〜て以来 〜은 이래

A: またふられちゃった……。
B: へえ、入学して以来半年(はんとし)で、もう10人目じゃない。

❺ 〜てからでないと 〜고 난 다음이 아니면

A: 早く食べたいなあ。
B: ご飯はもう少しむらしてからでないと、おいしくないのよ。
A: じゃ、テレビを見て待ってるよ。

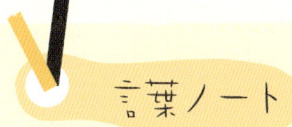

	振り向く 뒤돌아보다	理由 이유
	中継 중계	ふる 뿌리치다, 거절하다, 퇴짜놓다
	現地 현지	半年で 반년 동안에
女優 여배우	にわか雨 소나기	〜人目 〜명째
空港 공항	あがり次第 그치는 대로	もう少し 조금 더
フラッシュ 플래쉬	休学する 휴학하다	むらす 뜸들이다
光る 번쩍이다	リストラ (기업의) 구조 조정, 해고	

会話練習

会話練習をしてみましょう！

1 〜たとたん

A： 昨日の <u>¹試合</u>、<u>見なかったの</u>？

B： だって、<u>²始まったとたん</u> <u>³停電</u>になったから。

> ¹ ピクニック、行かなかった　² 家を出ようとし　³ おなかが痛くなった

2 〜てはじめて

A： どうですか。<u>¹だいぶ元気になったようですね</u>。

B： <u>²入院してはじめて</u>、<u>³健康</u>のありがたさがわかりましたよ。

> ¹ お仕事には慣れましたか　² 自分でやってみ　³ 大変さ

Exercises

練習の仕方 >> 1. ペアで話してみよう。　2. 入れ替えて話してみよう。　3. 自由に話してみよう。

3 ～て以来

A: ¹お久しぶりですね。

B: ²去年の夏に会って以来ですね。

1 2年ぶり　　2 前回の同窓会で会っ

4 ～てからでないと

A: 私も¹行っていいかしら？

B: ²お掃除を済ませてからでないと、だめよ。

1 はいてみていい　　2 あの子たちがはい

ロールプレイ

チャレンジ文型を使ってロールプレイをしてみましょう！

Role Play

➡ ～たとたん　～次第　～てはじめて　～て以来　～てからでないと

A: Bさんに初めて会ったときから恋心を感じていて、それ以来眠れなくなっていることを告白し、交際を求めてください。

B: Aさんから交際を求められますが、すぐ同意せずに、結論を先に延ばしてください。

自由会話

自由に話し合ってみましょう！

Free Talking

1. みなさんは何か盗まれたことがありますか。あったらその時の話を、なかったら身近な人が被害にあった話をしてください。

2. 見た瞬間に、何かを感じることがあるものです。そういった心理体験について話してみましょう。

3. 「～てからでないと、～てはいけません」と、親や先生などに言われた人も多いと思います。そうした例をあげてください。

06 場合によっては
관계, 계기 등 말하기

【チャレンジ文型】
1. ～によって(は)　2. ～に応じて　3. ～たびに　4. ～をきっかけに
5. ～に関係なく　6. ～を問わず　7. ～はともかく

▶ 경험을 계기로

※ 이 만화의 일본어 번역은 〈부록 p.170〉에 있습니다.

アップグレード会話

場合によっては

カルチャーセンターで／細川和幸と藤原えりか

［細川和幸と藤原えりかがのど自慢大会出場者募集のポスターを見ている。］

細川： 「のど自慢大会」か。

藤原： 年齢・性別を問わず、出場できるのね。

細川： 順位に関係なく、得点に応じて賞品がもらえるっていうのがいいな。

藤原： しかも、プロ・デビューの道もあるんだって。

細川： またまた、そんな夢を見て。自分の実力を考えなさいって。

藤原： でも、わかんないわよ。場合によっては、これをきっかけに新しい人生が開けるかも。

プロになれるかどうかはともかく、私は出るわよ。

細川： このあいだも同じようなこと言いながらどっかの大会に応募したけど、予選落ちだったじゃない？

藤原： 前回だめだったからって、今回もだめってことはないでしょ。

細川： 君のことが心配で言ってるんだよ。だって、大会が終わるたびにヤケ食いしてるだろ。

藤原： プロになれるかどうかはともかく、私は出るわよ。

細川： じゃあ、僕とデュエットしない？

藤原： それだけは遠慮しとくわ。

語句・表現

カルチャーセンター　문화 센터
のど自慢大会　노래 자랑 대회
出場者　참가자
ポスター　포스터
性別　성별
順位　순위
得点　득점
賞品　상품
しかも　게다가
プロ　프로
デビュー　데뷔
夢を見る　꿈을 꾸다
実力　실력
応募　응모
予選落ち　예선 탈락
だって　왜냐하면
ヤケ食い　화풀이를 위해서 마구 먹음
デュエット　듀엣

ポイント・スタディ

❶ 〜によって(は) 〜에 따라서(는), 〜마다

A: 君、こんな簡単なこともできないの？
B: 人によって適性が違うんだよ。

❷ 〜に応じて 〜에 따라서

A: 化粧品セットをプレゼントしようと思ってるんですけど……。
B: 年齢やお肌のタイプに応じて、いろいろございますが。

❸ 〜たび(に) 〜때마다

A: 夏が来るたびに、付き合っていた彼のことを思い出すの。
B: 一年中そう言ってるじゃない。

❹ 〜をきっかけに 〜을 계기로

A: 金恵英さんは、何をきっかけに、日本語の勉強を始めたの？
B: ええと、何だったっけ。忘れちゃった。

Point Study

❺ 〜に関係なく 〜와 관계없이

A: お祝いをくださった方々には、何かお返しした方がいいわね。
B: 金額に関係なく、みんな同じものでいいかな。

❻ 〜を問わず 〜을 불문하고, 〜에 관계없이

A: あの、こういう仕事、初めてなんですけど、かまいませんか。
B: はい。経験の有無を問わず、どなたでも始められます。

❼ 〜はともかく 〜은 차치하고, 〜은 어찌 됐든

A: 彼女、顔はともかく、性格がいいんだ。
B: この前は、性格はともかく美人だって言ってたじゃん。

言葉ノート

簡単だ 간단하다	付き合う 사귀다, 교제하다	〜方がいい 〜하는 편이 좋다
適性 적성	思い出す 생각나다	金額 금액
化粧品セット 화장품 세트	一年中 일년 내내	こういう 이러한
プレゼントする 선물하다	そう 그렇게	かまいません 상관없습니다
肌のタイプ 피부 타입	ええと 어, 그러니까	経験の有無 경험의 유무
ござる 있다	〜っけ 〜었더라	どなたでも 누구나
	忘れる 잊다	性格 성격
	お祝い 축의금, 축하선물	美人 미인
	お返しする 답례하다	〜じゃん(〜じゃない) 〜잖아

会話練習

会話練習をしてみましょう！

1 〜によって(は)

A： ¹今度の合同レクレーションの件ですが、²天候によっては、³延期になるかもしれません。

B： ⁴天候が悪ければ、仕方がないですね。

¹次のトーナメント戦　²組み合わせ　³かなりいいところまで行く
⁴くじ引きの特訓でもしておきましょうか

2 〜に応じて

A： ¹彼女に指輪をプレゼントしたいんですけど、どれがいいでしょうか。

B： ²ご予算に応じて、いろいろございますが。

¹母にミンクのコートを買ってあげたい　²お好み

Exercises

練習の仕方 >> 1. ペアで話してみよう。　2. 入れ替えて話してみよう。　3. 自由に話してみよう。

3 〜をきっかけに

A: ¹今回の入院をきっかけに、²タバコをやめました。

B: それはいいことですね。ついでに、³ダイエットもした方がいいんじゃないですか。

¹彼女との出会い　²タイ語の勉強を始めました　³タイの歌も覚えて聞かせてください

4 〜(は)ともかく

A: 今度の日曜日、¹田島さんの結婚式だそうだけど、どうします？

B: 知らなかったらともかく、²行かないとまずいでしょうね。

A: でも、それにしても、³式場が遠すぎますね。

¹みんなで花見に行く　²参加しない　³日曜日ぐらいゆっくり休みたいですね

ロールプレイ

チャレンジ文型を使って
ロールプレイをしてみましょう！

Role Play

➡ 〜によって(は)　〜に応じて　〜たびに　〜をきっかけに　〜に関係なく　〜を問わず　〜はともかく

A: 新しい映画の主人公役の俳優を決めるオーディションの広告を見て応募するつもりであることをBさんに話してください。

B: Aさんの話を聞いて、思いとどまるようにたしなめてください。

● 思いとどまる　단념하다
● たしなめる　타이르다

自由会話

自由に話し合ってみましょう！

Free Talking

1　歌手や俳優になりたいですか。

2　あこがれの歌手や俳優がいますか。

3　コンテストやオーディションに参加したことがありますか。
　　その参加資格などについて話してください。

4　美術や音楽のコンクールなどで入賞したことがありますか。

07 そんなにしてまで

예시, 강조해서 말하기

【チャレンジ文型】
1. ～とか　　2. ～やら　　3. ～こそ　　4. ～まで
5. ～なんか/なんて　　6. ～だって　　7. ～(で)さえ

▶ 나 따위가 무슨

※ 이 만화의 일본어 번역은 〈부록 p.171〉에 있습니다.

アップグレード会話

そんなにしてまで

細川和幸の下宿で／細川和幸と岩崎健太

［細川和幸の下宿に岩崎健太が遊びに来ている。］

岩崎： 休みの日とか、何してるんだ？

細川： うん、まあ、洗濯やら掃除やら……。

岩崎： それから……。

細川： ええと、それから、テレビゲームしたり、ビデオ見たり、うちでごろごろしてる。

岩崎： そんなことじゃ、体がなまってしまうだろ。来週から一緒にスポーツセンター通わないか。

細川： えっ、スポーツセンター？ なんで？

そんなにしてまで、競争に勝たなくてもいいや。

岩崎

細川

岩崎：なんでって、現代の激しい競争社会ではな、しっかり体を鍛えておいてこそ、生き抜いていけるんだよ。

細川：でも、わざわざ金払って体動かしたくなんかないなあ。体育の授業だって嫌いだったし……。

岩崎：いいか、大塚だって、山下だって、テニス習ってるし、それから、あの鈴木でさえ、ゴルフ始めたって。

細川：ふうん。でも、やっぱり、やめとくよ。そんなにしてまで、競争に勝たなくてもいいや。

語句・表現

まあ 글쎄
ごろごろ 빈둥빈둥
体がなまる 몸이 둔해지다
スポーツセンター 스포츠 센터, 헬스클럽
なんで 어째서, 왜
現代 현대
激しい 치열하다, 격하다, 심하다
競争社会 경쟁 사회
しっかり 튼튼하게, 확실하게
鍛える 단련하다
生き抜く 살아남다
わざわざ 일부러
いいか 잘 들어
ゴルフ 골프
勝つ 이기다

ポイント・スタディ

❶ 〜とか 〜(이)랑

A: 昨日、電車の中で財布取られちゃったの。カードとかいっぱい入ってたのに。
B: 運が悪かったのよ、きっと。

❷ 〜やら 〜(이)랑

A: この頃、何だか忙しそうだね。
B: 会議やら飲み会やら、いろいろあってね。

❸ 〜こそ 〜야말로, 〜어야만

A: 草壁と申します。どうぞよろしくお願いいたします。
B: いいえ、こちらこそ。どうぞよろしく。

❹ 〜まで 〜까지

A: お見送りまでしていただいて、ありがとうございます。
B: いえいえ、またいつでも遊びにいらしてください。

Point Study

❺ 〜なんか/なんて 〜따위, 〜같은 것

A: 君は誇りあるわが校の伝統を汚した。退学だ。
B: ふん、こんな学校なんか、こっちから出て行ってやる。

❻ 〜だって 〜도

A: あなた、私の悪口、言ってるんだって？
B: あんただって、私の悪口、言ってたって聞いたわよ。

❼ 〜(で)さえ 〜도, 〜조차, 〜마저

A: 僕、卒業できるかな。
B: 不登校の人でさえ卒業するそうだから、問題ないよ。

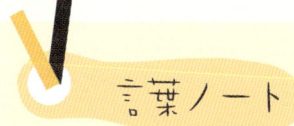

	きっと 틀림없이	誇り 긍지, 자랑
	飲み会 술자리	わが校 우리 학교
	〜と申す 〜라고 하다	汚す 더럽히다
取られる 도난당하다	見送り 전송, 배웅	悪口 욕, 험담
運が悪い 운이 나쁘다	いらしてください 와 주세요	不登校 등교거부

会話練習

会話練習をしてみましょう！

1
～とか

A： 近頃、忙しくて忙しくて。

B： 何がそんなに忙しいんですか。

C： ¹出張とか ²研修とか、いろいろありまして。

> ¹ セミナー　² 合宿

2
～こそ・～まで

A： 現代の激しい競争社会では、¹他人を押しのけてこそ生き抜いていけるんですよ。

B： でも、²友だちを犠牲にしてまで ³生き残りたくないです。

> ¹ 素早く情報をキャッチして　² 寝る時間を惜しんで
> ³ 収集しないといけないんですか

Exercises

練習の仕方 ≫ 1. ペアで話してみよう。　2. 入れ替えて話してみよう。　3. 自由に話してみよう。

3 ～なんか / なんて

A: <u>¹このあいだ、金田さんが私たちの悪口言ってたそうよ。</u>

B: <u>²あんな人なんか</u>、<u>³相手にしなくていいのよ。</u>

> ¹先生、奥さんとは、どうやって出会ったんですか　²そんなこと
> ³テストには出ませんよ

4 ～でさえ

A: <u>¹4月から</u><u>²全社員10%給料カット</u>だって。

B: ええっ、今でさえ<u>³安月給</u>なのに、これ以上<u>⁴減らす</u>なんて。

そんな……。

> ¹今年　²授業料引き上げ　³高い　⁴上がる

ロールプレイ

チャレンジ文型を使って
ロールプレイをしてみましょう！

Role Play

➡ 〜とか　〜やら　〜こそ　〜まで　〜なんか/なんて　〜だって　〜(で)さえ

自由会話

自由に話し合ってみましょう！

Free Talking

1. 健康のためにどんなことに気を使っていますか。
2. 自分の能力開発のために何かしていますか。
3. 就職のための準備、あるいは仕事のための勉強をしていますか。
4. 競争社会で生き残るには、どうしたらいいでしょうか。

08 結論から言うと
관점, 기준 등 말하기

【チャレンジ文型】
1. ～上（じょう）　2. ～にとって　3. ～から言うと　4. ～から見れば
5. ～として(は)　6. ～なり　7. ～とおり

▶ 네 나름의 매력

※ 이 만화의 일본어 번역은 〈부록 p.171〉에 있습니다.

アップグレード会話

結論から言うと

雑誌の座談会の後のティーパーティーで／李美淑(イ ミスク)・吉村康孝・西川武・朴昌浩(パクチャンホ)

[雑誌の座談会の録音が終わって、司会者と参加者が談笑している。]

李： 本日は座談会にご参加くださいまして、どうもありがとうございました。

吉村： いいえ、どういたしまして。
「ベンチャービジネスの現状と展望」というテーマ自体が、私にとって、とても興味深いものでした。

李： 時間の関係上、十分にお話できなかった点もあったかと思いますが、ご了承ください。

李
吉村
朴
西川

結論から言うと、ちょっともの足りなかった感じがします。

西川：結論から言うと、ちょっともの足りなかった感じがします。もっと深く突っ込んだ話し合いがしたかったんですが。

朴：おっしゃるとおりですね。たしかに、読者から見れば、不満が残るでしょう。

西川：そうですよ。次回も同じテーマで続けるべきです。

李：しかし、問題提起としては、それなりの意味があったのではないでしょうか。

朴：いや、でも、問題提起だけではだめですよ。

吉村：次は、思う存分話せるように、たっぷりと時間をください。

語句・表現

座談会　좌담회, 토론회
ティーパーティー　다과회
録音　녹음
司会者　사회자
参加者　참가자
談笑　담소
本日　오늘, 금일
ベンチャービジネス　벤처 비즈니스
現状　현상, 현재 상황
展望　전망
テーマ　주제, 테마
興味深い　흥미롭다
時間の関係上　시간 관계상
了承　양해
もの足りない　부족하다, 아쉽다
突っ込んだ　깊은, 깊이 있는
読者　독자
次回　다음 번
問題提起　문제 제기
それなり　그 나름
思う存分　마음껏
たっぷりと　충분히

ポイント・スタディ

❶ 〜上　〜상, 〜의 방면에서는

A: すみません。退職（たいしょく）させていただきたいんですけど。
B: どうして、急に？
A: 一身（いっしん）上の理由で……。

❷ 〜にとって　〜에게 있어서

A: 子どもにもっとやる気を起こさせたいんですけど。
B: そういう親の欲（よく）が子どもにとってはストレスなんですよ。

❸ 〜から言うと　〜의 입장에서 말하면, 〜부터 말하면

A: 政治家（せいじか）は二枚舌（にまいじた）を使うというイメージがあるようですが。
B: われわれの立場（たちば）から言うと、そんな考えが幼稚（ようち）だね。

❹ 〜から見れば　〜의 입장에서 보면, 〜로부터 판단하면

A: 本当（ほんとう）に彼がやったのかなあ。
B: 状況証拠（じょうきょうしょうこ）から見れば、まず間違（まちが）いないね。

Point Study

❺ 〜として(は) 〜로서(는)

A: 緊急会議が開かれるんだって。
B: 課長の管理職としての資質が問われるんだろうな。

❻ 〜なり 〜나름

A: 君はいいよなあ。いつも学校でトップだから。
B: 勉強できればできるなりに、悩みはあるもんだよ。

❼ 〜とおり 〜대로

A: 先生のおっしゃるとおりにしてみたんですけど……。
B: まあ、思うようにいかないのが現実ですから。

言葉ノート

	政治家 정치가	開かれる 열리다
	二枚舌を使う 거짓말을 하다	管理職 관리직
	イメージ 이미지, 인상	資質 자질
退職する 퇴직하다	立場 입장	問う 추궁하다
一身上の理由 일신상의 이유	幼稚だ 유치하다	トップ 톱, 1등
やる気 의지	状況証拠 상황 증거	勉強できる 공부를 잘하다
起こす 일으키다	まず 어쨌든, 여하튼	悩み 고민, 걱정
欲 욕심, 욕망	間違いない 틀림없다	おっしゃる 말씀하시다
ストレス 스트레스	緊急会議 긴급 회의	現実 현실

会話練習

会話練習をしてみましょう！

1 〜にとって

A： ¹君にとって、²僕は何なの？

B： ³そうねえ、友だち以上、恋人未満ってところかしら。

¹日本国民　²天皇はどういう存在ですか
³日本国と国民統合の象徴らしいけど、よくわかりません

2 〜から言うと

A： ¹中原君からお金貸してって頼まれたんだけど……。

B： ²僕の今までの経験から言うと、³たぶん返してもらえないよ。

¹バスの中で財布をなくした　²確率　³ほとんど出てこないよ

Exercises

練習の仕方 >> 1. ペアで話してみよう。 2. 入れ替えて話してみよう。 3. 自由に話してみよう。

3 〜から見れば

A: ¹どうして夫婦げんかしたりするんですか。

B: ²第三者から見れば、³たあいもないことが原因なんですが。

¹あの人、いつも自慢話ばかりしてますね   ²本性を知っている者

³ばかばかしいですけどね

4 〜としては

A: ¹初めての試みとしては、²それなりの成果があったのではないでしょうか。

B: でも、³改善すべき点も多いですよ。

¹中学生   ²なかなかしっかりした文章ですね   ³字はひどいですね

ロールプレイ

チャレンジ文型を使ってロールプレイをしてみましょう！

Role Play　TRACK 65

➡ ～上　～にとって　～から言うと　～から見れば　～として(は)　～なり　～とおり

A: 最近のニュースについて、Bさんに意見を求めてください。

B: Aさんからの質問に答えてください。

自由会話

自由に話し合ってみましょう！

Free Talking

1　あなたにとっての宝物は何ですか。

2　テレビなどで討論会やトークショーなどを見たことがありますか。そのなかで印象に残っているのは？

3　よく見る雑誌は何ですか。

4　ベンチャービジネスについてどう思いますか。

09 見かけによらず
비교, 대비하여 말하기

【チャレンジ文型】
1. ～どころか
2. ～にひきかえ
3. ～によらず
4. ～かわりに
5. ～に限る

▶ 터프하기는커녕

※ 이 만화의 일본어 번역은 〈부록 p.171〉에 있습니다.

アップグレード会話

見かけによらず

カラオケボックスで／西川武・田中純一・藤原えりか・松本なな子

[2次会でカラオケボックスに来ている。]

田中： 久しぶりに西川部長の演歌聞きたいですね。

西川： いや、演歌ばかり歌ってるとオジンだって言われそうなんで、そろそろイメージチェンジしようと思ってるんだけど。

藤原： イメチェンですか。期待しちゃうな。

松本： じゃあ、一曲お願いします。

[部長が英語のポップソングを歌う。]

田中： いやあ、プロ顔負け。

松本： 部長って、レパートリーが広いんですね。

藤原： しかも、英語の発音も完璧！恐れ入りました。

 田中
 西川
藤原
 松本

それにひきかえ私なんてひどい音痴です。

松本： 見かけによらず、心はお若い。

西川： おいおい、それ、ほめことばなの？

松本： あ、失礼いたしました。

藤原： 歌に関しては、うちの社では、西川部長の右に出る人はいないでしょうね。

田中： それにひきかえ私なんてひどい音痴で、英語どころか日本語の歌もまともに歌えないんですから。

藤原： まあ、そうヤケにならないで。

田中： でも、歌えないかわりに、踊りなら誰にも負けませんよ。
歌の次は踊りに限る。さあ、行きましょう。

語句・表現

カラオケ　가라오케
カラオケボックス　노래방
演歌　트로트
オジン　「おじさん(아저씨)」을 깔보는 말
イメージチェンジ　이미지를 바꿈
イメチェン　「イメージチェンジ」의 준말
曲　곡
ポップソング　팝송
顔負けだ　뺨치다
レパートリー　레퍼토리
完璧だ　완벽하다
恐れ入りました　놀랐습니다, 황송합니다
見かけ　외견, 겉보기
ほめことば　칭찬
〜の右に出る人はいない　〜보다 뛰어난 사람은 없다
音痴　음치
まともに　제대로
ヤケ　자포자기
踊り　춤

ポイント・スタディ

❶ 〜どころか　〜는커녕, 〜라기보다

A: お子さんが5人もいると、家がにぎやかでいいですね。
B: にぎやかどころか、うるさいくらいですよ。

❷ 〜かわりに　〜대신에

A: 日本語は発音が易しいかわりに表記が難しいですよね。
B: ひらがな・カタカナ・漢字と、いろいろ使い分けないといけないから、確かにややこしいかもしれないですね。

❸ 〜によらず　〜와 달리, 〜에 관계없이

A: 田中さん、朝寝坊したんですか。髪の毛、くしゃくしゃですよ。爆弾でも落ちたみたい。
B: いやあ、まいったなあ。見かけによらず、ずいぶんきついこと言うね。

Point Study

❹ 〜にひきかえ ～에 비해서, ～에 반해서

A: 博士号もらったんだって。おめでとう。
B: ああ、でも、先行きは明るくないみたいだよ。費やした時間と努力にひきかえ、報われない感じがするな。

❺ 〜に限る ～이/가 최고다, ～이/가 제일이다

A: 田中君はどこだ？何といっても、宴会の司会は彼に限るよ。
B: ちょっと捜してきます。

	ややこしい 까다롭다	先行き 장래
	朝寝坊する 늦잠 자다	費やす 쓰다, 소비하다
	髪の毛 머리카락	報う 갚다, 보답하다
にぎやかだ 활기차다	くしゃくしゃ 엉망으로 흐트러져 있음	何といっても 뭐니 뭐니 해도
うるさい 시끄럽다	爆弾 폭탄	感じがする 느낌이 들다
発音 발음	まいる 질리다	宴会 연회
表記 표기	きつい 심하다	司会 사회
使い分ける 구분하다	博士号 박사 학위	捜す 찾다

会話練習

会話練習をしてみましょう！

1 〜どころか

A: どうしたんですか。¹疲れて見えますね。

B: ²一生懸命に働いていれば何とかなると思っていたんですけどね。³暮らしは楽になるどころか、⁴借金が増える一方で。

¹ げっそりして　　² 先日、訪問販売の健康食品を買わされた
³ 体の調子がよくなる　　⁴ 下痢になっちゃって

2 〜かわりに

A: ¹鈴木さん、外車、買ったんですって？

B: ええ、²マイホームを買うかわりに、³車にお金を使うことにしたんです。

¹ 佐藤さん、英会話、習ってる　　² アメリカからの留学生に日本語を教える
³ 簡単な会話を教えてもらってる

Exercises

練習の仕方 ≫ 1. ペアで話してみよう。　2. 入れ替えて話してみよう。　3. 自由に話してみよう。

3 ～にひきかえ

A: ¹お宅のお子さんは、²勉強もよくできるし、しっかりしていて、いいですね。それにひきかえ、³うちの馬鹿息子ときたら、ぼうっとしてて。

B: いいえ、そんなことはないですよ。⁴お宅のお子さんこそ、将来有望なスポーツ選手で、うらやましいですよ。

¹青柳さん　²みんなから慕われていて　³私なんか恨まれ役で
⁴李さんこそ、上の人たちからの信頼が篤くて

4 ～に限る

A: やっぱり¹休みの日は²ドライブに限りますね。

B: いいえ、³釣りに限りますよ。

C: ⁴何もしないのが一番ですよ。

¹夏　²かき氷　³すいか　⁴海水浴

09 見かけによらず　79

ロールプレイ

チャレンジ文型を使って
ロールプレイをしてみましょう！

Role Play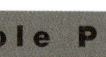

➡ 〜どころか　〜にひきかえ　〜によらず　〜かわりに　〜に限る

自由会話

自由に話し合ってみましょう！

Free Talking

1　歌やカラオケは好きですか。カラオケにはよく行きますか。

2　得意な歌は何ですか。

3　日本語の歌あるいは英語の歌は歌えますか。

4　踊りを踊るのはどうですか。

10 結婚するってことは
화제 제시하기

【チャレンジ文型】　1. ~って　　2. ~{と/って}いうのは　　3. ~{と/って}(いう)ことは
　　　　　　　　　4. ~{と/って}いえば　　5. ~ったら

▶ 사랑이란 게 뭘까

※ 이 만화의 일본어 번역은 〈부록 p.171〉에 있습니다.

アップグレード会話

結婚するってことは
会社で／藤原えりかと松本なな子

[会社での休み時間。藤原えりかと松本なな子がおしゃべりしている。]

松本： うちの男性社員ったら、みんな何だかさえないよね。

藤原： うん、しまりがないわね。

松本： そのくせに私たちにはえらそうな口ばかりたたいて。

藤原： そうそう、やあねえ。

松本： 男っていうのは、やっぱり力強くなくちゃ。

藤原： そうかしら。優しさと包容力が大切なんじゃない？

藤原

松本

結婚するってことは一生の一大事だからね。

松本： 理想的なタイプといえば、ケビン・コスナーみたいな感じ。

藤原： 私ならリチャード・ギアの方がいいな。

松本： そう？

藤原： ただその点、今の彼、ちょっと頼りないのよね。別れようかなとも思ってるとこ。

松本： えりかって、わりとあきっぽいんだ。

藤原： そんなことないんだけど、そろそろ真剣に結婚も考えないといけない年頃でしょ？

松本： そうね。

藤原： で、生涯のパートナーとしてはどうかなって思って。

松本： まあね。結婚するってことは一生の一大事だからね。慎重に考えないとね。

語句・表現

おしゃべり 잡담
うち 우리 회사
男性社員 남자 사원
何だか 왠지, 어딘지, 어쩐지
さえない 신통치 않다
しまりがない 긴장감이 없다, 칠칠치 못하다
そのくせに 그러면서
えらそうな口をたたく 큰소리치다
やあねえ (いやね의 속된 발음) 싫어
力強い 힘차다, 기운이 있다
優しさ 상냥함
包容力 포용력
理想的 이상적
タイプ 타입, ~형
頼りない 미덥지 못하다
〜ているとこ(＝ところ) ~하고 있는 중
わりと 비교적
あきっぽい 변덕스럽다
真剣に 진지하게
年頃 나이, 적령기
生涯 생애
パートナー 파트너, 동반자
一生の一大事 평생 문제
慎重に 신중하게

ポイント・スタディ

❶ 〜って・〜というのは　〜라는 것은, 〜란

A: おやじからパソコン買ってもらったんだ。

B: まったく、いい年(とし)して。君って、ボンボンだなあ。
親ってのは、いつまでたっても子どもにスネをかじられる宿命(しゅくめい)なのかな。

❷ 〜{と/って}いうことは　〜라는 것은

A: びっくりしちゃった。田中(たなか)さんを驚(おどろ)かせようと、後(うし)ろからこっそり近(ちか)づいて行って、よく見たら、影(かげ)がないのよ。

B: えっ、ということは……、人間(にんげん)じゃない……。

C: ちょっと、ちょっと。さっきから聞いてると。

A・B: キャーーーーーーッ!!!!!!!!!

C: 影がないって、今日、曇(くも)ってるじゃん。

Point Study

❸ 〜{と/って}いえば　〜라고 하면

A: 韓国に行って来たんだって？ 以前は韓国といえばショッピングって感じだったけど、この頃はグルメツアーも人気らしいね。
B: そう。焼き肉に、石焼きビビンバに、参鶏湯。おいしかったわ。

❹ 〜ったら　〜로 말할 것 같으면, 〜는

A: うちは共働きだから、夫婦で家事を分担してて、買い物とごみ出しと掃除は主人の役割なの。
B: うちの亭主ったら、ろくにかせぎもしないくせに、遊ぶことだけは人一倍で、まったく役立たずなんだから。

言葉ノート

いい年　지긋한 나이, 나잇살
ボンボン　양갓집 도련님을 비꼬아 하는 말
親のスネをかじる　자식이 어지간한 나이가 되어서도 부모에게 의지하여 살다
宿命　숙명

驚かす　놀라게 하다
こっそり　몰래, 살짝
近づく　접근하다
影　그림자
曇る　흐리다
ショッピング　쇼핑
〜って感じ　〜이 먼저 연상되다
この頃　요즘
グルメツアー　음식 관광
焼き肉　불고기

石焼きビビンバ　돌솥 비빔밥
参鶏湯　삼계탕
共働き　맞벌이
分担する　분담하다
亭主　남편
ろくに　제대로, 변변하게
かせぐ　돈을 벌다
人一倍　남보다 더 한층
役立つ　도움이 되다

会話練習

会話練習をしてみましょう！

1 〜って・〜というのは

A: ¹再保険って何のことですか。

B: ¹再保険というのは、²保険会社同士の再契約のことですよ。

¹ リハビリ　² 治療後の社会復帰訓練

2 〜ということは

A: ¹悟るということは、どういうことですか。

B: それは、²心を無にしてありのままを見ることです。

A: はあ、わかったような、わからないような……。

¹ 生きる　² この宇宙と時間の中に自分のドラマを創り上げる

Exercises

練習の仕方 ≫ 1. ペアで話してみよう。　2. 入れ替えて話してみよう。　3. 自由に話してみよう。

3 〜{と/って}いえば

A: 最近の¹大学生はどうですか。

B: そうですね。昔は²大学まで行ったといえば³最高のエリートだったんですが、今では⁴ねこもしゃくしも入学できますからね。

¹景気　²盆・正月　³ものすごいにぎわい　⁴どうもぱっとしませんね

4 〜ったら

A: すみません。¹うちの子ったら、²礼儀知らずで。

B: いえいえ、³元気でいいですね。

¹私　²そそっかしくて　³気にしなくていいですよ

ロールプレイ

チャレンジ文型を使って
ロールプレイをしてみましょう!

Role Play TRACK 81

→ ～って　～{と/って}いうのは　～{と/って}(いう)ことは　～{と/って}いえば　～ったら

A: 今、誰かに片思いをしています。Bさんに恋愛の相談をしてください。

B: Aさんの相談にのってあげてください。

- 片思い　짝사랑
- 相談に乗る　상담에 응하다

自由会話

自由に話し合ってみましょう!

Free Talking

1. 男心・女心が変わりやすいというのは本当でしょうか。
2. 変わりやすいものの例をあげてください。
3. 恋の相談をしたりされたりしたことがありますか。
4. あなたの周りに、特にもてる人がいますか(いましたか)。

11 お金もないくせに
반대 사실 말하기

【チャレンジ文型】　1. ~ところを　　2. ~ながら　　3. ~といっても
　　　　　　　　　4. ~くせに　　　5. ~にもかかわらず

▶ 재벌 아들이면서

※ 이 만화의 일본어 번역은 〈부록 p.171〉에 있습니다.

アップグレード会話

お金もないくせに
喫茶店で／金恵英と岩崎健太

[金恵英が就職のことで先輩の岩崎健太に相談している。]

金　：先輩、今日はお忙しいところを申し訳ありません。

岩崎：いや、いいけど、久しぶりだね。

金　：すみません。ご連絡しようしようと思いながら、すっかりごぶさたしてしまいました。

岩崎：いや、こっちこそ。で、何か相談事でも？

金　：ええ。実は、コンピュータ関係の会社から内定をもらったんですが、そこに行こうかどうか迷っているんです。

岩崎：へえ、もう内定もらったの？

不景気にもかかわらず、売り上げを伸ばしているんですよ。

岩崎
金

金　：コンピュータ関係といっても、社員20人足らずの小さな会社なんですが……。

岩崎：でも、恵英さんは前からコンピュータに夢中だったからね。

金　：お金もないくせに、2台もパソコン買っちゃって……。

岩崎：それで、その会社、将来性あるの？

金　：ええ、最近、不景気にもかかわらず、売り上げを伸ばしているんですよ。それに、女性社員も何人かいて働きやすそうだし……。

岩崎：そうか、それならいいじゃない。

金　：ええ、そうですね。

岩崎：じゃ、がんばって。

語句・表現

申し訳ありません　죄송합니다
すっかり　아주, 온통
ごぶさたする　격조하다
相談事　상담할 일
内定をもらう　내정되다
迷う　망설이다, 헤매다
〜足らず　〜에 못 미치는
夢中だ　몰두하다
パソコン　PC
将来性　장래성
不景気　불경기
売り上げ　매상
伸ばす　늘리다
それに　게다가
女性社員　여사원
それなら　그렇다면

ポイント・スタディ

❶ ～ところを ～인데도, ～인 중에

A: みなさん、お疲れのところを申し訳ありませんが、もう少しそのまま座っていてください。

B: ええっ！まだ、終わらないの！本当に疲れたよ。

❷ ～ながら ～면서(도), ～이지만

A: 両親は私が結婚したい人がいることを、前から知っていたみたい。

B: じゃあ、知っていながら、知らないふりをしてたんだね。

❸ ～といっても ～라고는 해도

A: 日曜日にうちでパーティーをするので、よかったら来てください。パーティーといっても、ささやかなものですけど。

B: 楽しみですね。私も料理を作るの手伝います。

Point Study

❹ ～くせに ～는데도, ～인 주제에

> A: 隣のクラスの細川、美人のOLとつきあってるんだって。
> B: ええっ、本当かよ！女性には関心ないとか言ってた**くせに**、陰でうまいことやってるんだなあ。

❺ ～にもかかわらず ～인데도 불구하고

> A: 服部さんち、破産しちゃったらしいわね。
> B: ギャンブルはやめろってあれだけ忠告した**にもかかわらず**、泥沼にはまってしまって、抜け出せなかったんだな。

言葉ノート

結婚する 결혼하다
～みたい ～인 것 같다
知らないふりをする 모르는 척을 하다
パーティー 파티

ささやかな 작은
楽しみだ 기대가 되다
OL 직장여성(Office Lady)
つきあう 만나다, 사귀다
関心 관심
陰 뒤, 이면
うまいこと 교묘하게, 감쪽같이

～さんち (=～さんのうち) ～씨 집
破産する 파산하다
ギャンブル 도박
忠告する 충고하다
泥沼 진창, 수렁
はまる 빠지다
抜け出す 빠져나오다

11 お金もないくせに 93

会話練習

会話練習をしてみましょう！

1 ～ところを

A: 先生、**¹お忙しいところを** **²お越しいただいて**、本当に申し訳ありません。

B: いえいえ。**³ちょうどこの近くに来る用事があったので**、かまいませんよ。

> **¹** お疲れの　　**²** いろいろお願いして　　**³** そんなに大変なことじゃない

2 ～ながら(も)

A: 転職したそうですね。それで、新しい**¹職場**はどうですか。

B: そうですね。**²小さい**ながら**³活気がある**ので、とても働きやすいんです。

> **¹** 会社　　**²** 中小企業　　**³** いろいろな制度がしっかりしている

Exercises

練習の仕方 ≫ 1. ペアで話してみよう。 2. 入れ替えて話してみよう。 3. 自由に話してみよう。

3 〜といっても

A: 田中さん、¹英語ができるって聞いたんですけど。よかったら、私にも教えてくれませんか。

B: いやあ、¹英語といっても、ただ²単語を並べているだけですから。大したことないですよ。

¹ インド料理　² スパイスを入れて辛くしている

4 〜くせに

A: 近頃の¹中高生は理解できませんね。

B: そうですね。²まだ子どものくせに、³髪を染めたり⁴化粧をしたりするんですからね。

¹ 小学生　² 自分のかせぎもない　³ 高いおもちゃを買っ
⁴ しょっちゅうゲームセンターに行っ

11 お金もないくせに　95

ロールプレイ　　チャレンジ文型を使ってロールプレイをしてみましょう！　　Role Play

➡ ～ところを　～ながら　～といっても　～くせに　～にもかかわらず

A: 今、就職活動をしています。先輩のBさんにいろいろ相談してください。

B: 就職活動をしている後輩から相談されます。Aさんにアドバイスしてあげてください。

自由会話　　自由に話し合ってみましょう！　　Free Talking

1. 進路について相談したい時、誰に相談しますか。
2. 仕事を選ぶ場合、どのような条件がいちばん大切ですか。
3. 今までに受けた面接試験で印象的だったことは何ですか。

12 編集者だけあって
원인, 이유 등 말하기

【チャレンジ文型】
1. ～おかげで   2. あまりの～に   3. ～ばかりに
4. ～からこそ   5. ～ところを見ると   6. ～だけあって

▶ 너무 스케줄이 빡빡해서

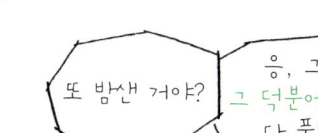

※ 이 만화의 일본어 번역은 〈부록 p.171〉에 있습니다.

アップグレード会話

編集者だけあって

マレーシアで／李美淑（イ ミスク）と加藤（かとう）ゆき

[李美淑は休暇（きゅうか）でマレーシアに行き、現地（げんち）に住む元上司（もとじょうし）の加藤ゆきに街（まち）を案内（あんない）してもらっている。]

李　：ゆきさんの**おかげで**、いろいろなところに案内してもらえて本当に助（たす）かります！

加藤：こっちに来て、**あまりの暑さ**にびっくりしたんじゃない？

李　：そうですね。日本は今、冬ですから。

加藤：マレーシアは一年中夏よ。

李　：へえ、そうなんですか。ゆきさんはたしか英語と中国語（ちゅうごくご）ができるんですよね。じゃ、マレーシアでは不便（ふべん）はないんじゃないですか。

加藤：まあ、そうかな……。

さすが、雑誌の編集者だけあって、何でも取材するのね。

李
加藤

李　：私は、ときどき中国にも取材に行くんですけど、中国語ができないばかりに苦労するんですよ。

加藤：じゃ、今回の旅行をきっかけに中国語習ってみる？

李　：でも、発音とかが難しそうだから……。

加藤：難しいからこそ、チャレンジするのよ！
あれ、こんなところに新しい韓国料理の店ができてる！

李　：お客さんがたくさん入っているところを見ると、けっこうおいしいんじゃないですか。ちょっと入ってみませんか。〔カメラとメモ帳を取り出す。〕

加藤：さすが、雑誌の編集者だけあって、何でも取材するのね。

語句・表現

マレーシア　말레이시아
現地　현지
住む　살다
元上司　전(前) 상사
街　거리
助かる　고맙다
こっち　여기
取材　취재
苦労する　고생하다
チャレンジする　도전하다
けっこう　제법, 꽤
メモ帳　메모 수첩
取り出す　꺼내다
さすが　역시
編集者　편집자

ポイント・スタディ

❶ ～おかげで ~ 덕분에, ~의 도움으로

A: それでは、カメラに向かってご両親に一言どうぞ。

B: お父さんとお母さんのおかげで、ここまで来ることができました。本当に感謝しています。

❷ あまりの～に 너무 ~어서, 지나친 ~ 때문에

A: いたずら電話がかかってきたんだって？

B: そうなの。あまりのしつこさに警察に届けたのよ。

❸ ～ばかりに ~ 탓으로

A: 今度シドニーに駐在することになったんだ。

B: いいですね。僕なんか、英語ができないばかりに、海外出張の時は本当に苦労しますよ。

Point Study

❹ 〜からこそ 〜기 때문에

A: 彼と別れようと思ってるの。他に好きな人ができちゃって。
B: はっきり話せば？ 理解のある人だから、大丈夫よ。
A: 理解のある人だからこそ、言いづらいのよ。

❺ 〜ところを見ると 〜으로 판단하면, 〜인 것을 보면

A: 田中さん、いる？
B: かばんがないところを見ると、もう帰ったんじゃない？

❻ 〜だけあって 〜므로, 〜답게

A: タイ料理作ったんだけど、食べてみて。
B: おいしい。さすがタイに住んでいただけあって、上手ね。

言葉ノート

	感謝する 감사하다	〜ことになる 〜게 되다
	いたずら電話 장난 전화	海外出張 해외 출장
	かかる 걸리다	理解心 이해심
向かう 향하다	しつこさ 집요함, 끈덕짐	もう 벌써, 이미
ご両親 부모, 양친	届ける 신고하다	タイ料理 타이 요리
一言 한 마디	シドニー 시드니	タイ 타이, 태국
おかげ 덕분	駐在する 주재하다	

会話練習

会話練習をしてみましょう！

1 ～おかげで

A: <u>¹新しく作った店</u>、うまくいってるそうですね。

B: ええ、<u>²エスニック料理ブーム</u>のおかげで、なんとか今のところは順調（じゅんちょう）にいってます。

A: そうですか。がんばってくださいよ。

¹新しく作った会社　²前の会社の同僚（どうりょう）たちが協力（きょうりょく）してくれた

2 あまりの～に

A: さっきの¹プレゼンテーション、とてもよかったですよ。

B: いやあ、あまりの²人の多さに³びっくりしましたよ。

¹スピーチ　²会場の広さ　³緊張（きんちょう）しました

Exercises

練習の仕方 ≫ 1. ペアで話してみよう。　2. 入れ替えて話してみよう。　3. 自由に話してみよう。

3 〜ところを見ると

A: なんか、田中さん、今日 ¹はりきっているようだね。

B: ²にやにやしているところを見ると、きっと³彼女から電話があったんじゃない？

A: そうか。なるほどね。

¹元気がない　²彼女の話を全然しない　³彼女とけんかした

4 〜だけあって

A: ここは¹海の近くだけあって、²風が強いですね。

B: ええ、そうですね。³波の音も聞こえますね。

¹一流レストラン　²おいしい料理ばかり　³雰囲気もとってもいいです

ロールプレイ　　チャレンジ文型を使ってロールプレイをしてみましょう！　　Role Play

➡ ～おかげで　あまりの～に　～ばかりに　～からこそ　～ところを見ると　～だけあって

A: あなたは雑誌の記者です。最近賞をもらった小説家にインタビューしてください。

B: あなたは小説家です。あなたの書いた小説が最近賞をもらったので、雑誌記者のインタビューを受けています。

自由会話　　自由に話し合ってみましょう！　　Free Talking

1. 旅行が好きですか。特に印象に残っている旅行について話してください。
2. 最近見つけた新しいお店があれば、教えてください。
3. 外国語がわからないばかりに苦労したことがありますか。
4. 今まで他の人のアドバイスのおかげで成功したという経験がありますか。

13 信じがたい話
가능성 등 말하기

【チャレンジ文型】
1. 〜がたい 2. 〜うる・〜えない 3. 〜かねる
4. 〜わけにはいかない 5. 〜ようがない

▶ 어쩔 수 없군요

※ 이 만화의 일본어 번역은 〈부록 p.171〉에 있습니다.

アップグレード会話

信じがたい話
喫茶店で／細川和幸と岩崎健太

[藤原えりかに失恋した細川和幸に、友人の岩崎健太が事情を聞いている。]

岩崎： 君たちがけんかして別れたって聞いて、びっくりしたよ。

細川： あんなつまらないことでけんかになるなんて、全く信じがたい話だよ。

岩崎： いったい、何が原因なんだ？

細川： ううん……。あのころはバイトが忙しくてなかなか会えなかったんだ。でも、そのことなら彼女も十分承知していたよ。

どちらかが謝らないと仲直りしようがないじゃないか。

岩崎

細川

岩崎： じゃあ、いったいなんで別れたんだ。
まあ、二人のことだから、僕がとやかく言う**わけにはいかない**けど。

細川： 彼女、もしかしたら、新しい彼氏ができたのかもしれないな。

岩崎： 新しい彼氏？なるほど、それもあり**うる**な。

細川： やっぱり彼女の方に問題があるよな。

岩崎： でも、どちらかが謝らないと仲直りし**ようがない**じゃないか。

細川： もういいんだ。彼女のことは……。

岩崎： けんかしたというから、見**かねて**やって来たけど、あまり落ち込んでなくて安心したよ。

語句・表現

喫茶店　커피숍
けんかする　싸우다
別れる　헤어지다
つまらない　시시하다
全く　완전히, 정말이지
いったい　도대체
原因　원인
バイト　（アルバイトの 준말）아르바이트
承知する　이해하다
とやかく言う　왈가왈부하다
もしかしたら　혹시, 어쩌면
彼氏　애인
できる　생기다
なるほど　과연, 그렇구나
謝る　사과하다
仲直りする　화해하다
落ち込む　침울해지다

ポイント・スタディ

❶ 〜がたい 〜기 어렵다

A: Y教授が単位をあげるからとか言って、セクハラしたんだって。

B: ええっ、本当？絶対に許しがたい行為だわ！ひどい話ね！

❷ 〜うる・〜えない 〜을 수 있다, 〜을 수 없다

A: 今回の円高でかなりの損失が出てしまいました。

B: 為替レートの変動は誰にも予期しえないことだからな。

❸ 〜かねる 〜을 수 없다, 〜기 어렵다

A: 利益を出すためには、価格を上げるしかない！そうだろ？

B: でも、それにはちょっと賛成しかねます。

Point Study

❹ 〜わけにはいかない ~을 수 없다

A: 友だちのオープンしたワインの店に行ってみたんだ。
B: へえ。で、何か買ったの？
A: けっこう高かったんだけど、何も買わずに帰る**わけにはいかない**から、1本5000円の赤ワインを買ったの。

❺ 〜ようがない ~을 수 없다

A: 課長、どうして今度のプロジェクトが中止になったんですか。
B: 今年度の予算が大幅カットになってしまったんだから、やり**ようがない**だろう。

言葉ノート

	かなりの 상당한	オープンする 문을 열다
	損失 손실	ワイン 와인, 포도주
	為替レート 환율	けっこう 꽤, 상당히
単位 단위, 학점	変動 변동	赤ワイン 적포도주
セクハラ 성희롱	予期する 예기하다	プロジェクト 프로젝트
絶対に 절대로	利益 이익	中止になる 중지되다
許す 허락하다, 용서하다	出す 내다	今年度 금년도, 올해
行為 행위	価格 가격	予算 예산
ひどい 심하다, 나쁘다	上げる 올리다	大幅カット 대폭 삭감
円高 엔고	賛成する 찬성하다	

13 信じがたい話

会話練習

会話練習をしてみましょう！

1
～うる・えない

A: これからは <u>¹他の会社との競争に勝ち</u>うる商品を開発しないといけないというのはわかっているだろう。

B: はい、もちろんです。<u>²ただ開発の予算を増やさなければ</u>、<u>³いい商品を作ること</u>はできません。

¹ライバル会社に対抗し　²よいスタッフを補強し　³新しい商品を開発すること

2
～かねる

A: このあいだそちらの店で <u>¹ビデオカメラ</u>を買ったんですが、<u>²ふたが開かない</u>んですよ。

B: そうですか。大変申し訳ありません。そのような技術的な点につきましては、こちらでは <u>³わかり</u>かねますので、担当の者にかわります。

¹テレビ　²リモコンがきかない　³お答えし

Exercises

練習の仕方 >> 1. ペアで話してみよう。 2. 入れ替えて話してみよう。 3. 自由に話してみよう。

3

〜わけにはいかない

A： 佐々木君が **1 サラ金**に追いかけられているのを知ってるかい？

B： そんなの、私には関係ないわ。

A： **2 保証人**になったかららしいんだ。同僚だし、放っておくわけにはいかないだろ。

B： **3 保証人**なんかになるのが悪いのよ。

1 やくざ   **2** 誰かに間違えられている   **3** 誰かに似ている

4

〜ようがない

A： また、今日も **1 遅刻**ね。

B： ごめんなさい。**2 携帯電話をうちに置いて**来ちゃって、**3 電話**しようがなかったの。

1 帰りが遅かったわ   **2** 電車の中で寝過ごし   **3** 連絡し

13 信じがたい話

ロールプレイ

チャレンジ文型を使って
ロールプレイをしてみましょう！

Role Play

➡ ～がたい　～うる・～えない　～かねる　～わけにはいかない　～ようがない

自由会話

自由に話し合ってみましょう！

Free Talking

1　もし失恋したら、あなたはどうしますか。

2　けんかした友だちの間に入って、仲直りさせたことがありますか。

3　最近あなたのまわりで信じがたいことがありましたか。

4　両親、先生、会社の上司に、何か提案したけれど、「できない」と言われたことがありますか。その時、どうしましたか。

14 暇さえあれば
가정, 조건 말하기

【チャレンジ文型】
1. 〜さえ〜ば
2. 〜ないかぎり
3. たとえ〜ても
4. 〜たところで
5. 〜としたら

▶ 회사만 안 가면

※ 이 만화의 일본어 번역은 〈부록 p.172〉에 있습니다.

アップグレード会話

暇さえあれば
会社の食堂で／藤原えりかと松本なな子

[OLの藤原えりかと松本なな子が金曜の合コンについて話している。]

藤原： ねえ、今週の金曜日の夜、あいてない？

松本： 金曜日？どうして？

藤原： 実は大学病院のお医者さまとの合コンなんだけど、女性側の人数が一人足りないの。

松本： えりかったら、最近暇さえあれば、そんなことばかりやってるのね。

藤原： だって、お金持ちの男性と結婚するためよ。合コンでもしないかぎり、なかなか出会うチャンスがないじゃない。

合コンでもしないかぎり
なかなか出会うチャンスが
ないじゃない。

藤原
松本

松本：私は、たとえすごいお金持ちでも、性格が悪い人はいやだわ。だから、運命の人との出会いをずっと待つわ。

藤原：そんなのんきなこと言ってたらね、結婚できないわよ。

松本：焦ったところで、すぐいい人が見つかるわけでもないし……。

藤原：じゃ、もし今度の合コン相手の中に、お金持ちでかっこよくて、そのうえ性格もいいっていう人がいたとしたらどうする？

松本：やっぱり行く！

語句・表現

あく 비다
お医者さま 의사 선생님
合コン 미팅
女性側 여자 쪽
人数 사람 수
足りない 부족하다
お金持ち 부자
出会う 만나다
チャンス 기회
運命の人 운명의 사람
出会い 만남
ずっと 쭉, 내내
のんきだ 무사태평하다
焦る 조바심하다, 안달하다
見つかる 발견되다, 찾아지다
かっこいい 잘생기다, 멋있다
そのうえ 게다가, 또한

ポイント・スタディ

❶ 〜さえ〜ば 〜만 하면

A: 君さえいてくれれば、僕はそれで幸せなんだよ。
B: まあ、うれしいわ。私もよ。

❷ 〜ないかぎり 〜지 않는 한, 〜지 않으면

A: 何歳ぐらいになったら、マイホームが買えるかなあ。
B: 僕たちみたいなしがないサラリーマンじゃ、宝くじでも当たらないかぎり、無理だろうね。

❸ たとえ〜ても 설령 〜더라도

A: 彼女のためなら、たとえどんなに辛いことがあっても、がんばれると思う。
B: そんなに彼女が好きなのか。彼女は本当に幸せな人だね。

Point Study

❹ 〜たところで 〜어 보았자, 〜어도

A: 羽田行きの最終便、今から間に合いますかね。
B: どんなに急い だところで、もう無理ですよ。明日の朝、新幹線で行きましょう。

❺ 〜としたら 〜라고 한다면

A: 神様が何でも好きな願いごとを一つだけかなえてくれるとしたら、どんなことお願いする？
B: ゲームソフトがいっぱいほしい！
C: ドラえもんを連れてきてほしい！
D: 願いごとを一つじゃなく三つにしてほしい！

	当たる 당첨되다	神様 신, 하느님
	どんなに 아무리	何でも 무엇이든지
	辛い 괴롭다, 고통스럽다	願いごと 소원
マイホーム 내집	羽田行き 하네다행	かなえる 들어주다, 성취시키다
しがない 하찮다, 보잘것없다	最終便 마지막 비행기	ゲームソフト 게임 소프트웨어
サラリーマン 샐러리맨, 월급쟁이	間に合う 제시간에 대다	ドラえもん 도라에몽
宝くじ 복권	新幹線 신칸센	連れてくる 데리고 오다

14 暇さえあれば 117

会話練習 会話練習をしてみましょう！

1 〜さえ〜ば

A： ¹わが社の不良債権をどうするか、頭が痛いよ。

B： ²土地の値段さえ³上がれば、何とかなるんだけどね。

A： それが思うようにならないから、困ってるんだ。

¹次の決算　²需要　³回復すれ

2 〜ないかぎり

A： 本当に¹この企画で大丈夫なのか。

B： ²極端な円高にならないかぎり、必ずうまくいくはずです。

C： よし、わかった。まずはやってみなさい。

¹そんな営業の仕方　²他の会社に先を越され

118

3 たとえ〜ても

A: ¹愛している人のためなら、たとえ ²苦しいことがあっても、私は ³我慢できるわ。

B: なかなか、えりかもいいこと言うじゃない。

¹わが子　²自分が犠牲になっ　³平気よ

4 〜としたら・〜たところで

A: 今取り引きしている ¹工場がもし ²倒産したとしたら、どうしたらいいでしょうか。

B: まあまあ、そんなことを ³心配したところで、仕方がないだろう。もう少し様子を見てみた方がいいんじゃないか。

¹銀行　²お金を貸してくれなくなった　³考え

ロールプレイ

チャレンジ文型を使って
ロールプレイをしてみましょう！

Role Play

➡ ～さえ～ば　　～ないかぎり　　たとえ～ても　　～たところで　　～としたら

A: Bさんに、結婚相手についてどんな人がいいか相談してください。

B: Aさんに、結婚相手の選び方についてアドバイスしてください。

自由会話

自由に話し合ってみましょう！

Free Talking

1. 日本の「合コン」に似たものとして、韓国には「ミーティング」というのがありますが、参加したことがありますか。あれば、その時の体験を話してください。

2. 「ミーティング」についてどう思いますか。

3. 恋愛結婚がいいですか。お見合い結婚がいいですか。

4. 結婚相手を選ぶ時の条件は何ですか。

15 ちょっと疲れ気味

상태, 모습 등 표현하기

【チャレンジ文型】
1. ～気味
2. ～っぽい
3. ～ほど
4. ～ところ
5. ～きる

▶ 하늘로 날아갈 것 같은 기분

※ 이 만화의 일본어 번역은 〈부록 p.172〉에 있습니다.

アップグレード会話

ちょっと疲れ気味

エステティックサロンで／藤原えりかと店の人

[藤原えりかがエステティックサロンに相談に来ている。]

店の人：どういったご相談でしょうか。

藤原　：最近、肌の調子が悪いんです。

店の人：ちょっと疲れ気味のようですね。

藤原　：ええ、睡眠不足で、目の下も黒っぽくなっちゃって。

店の人：睡眠不足はよくないですね。今までエステに通われたことがありますか。

藤原　：いいえ、初めてなんですけど、エステで肌のマッサージをしてもらうとすごく気持ちいいって、友だちから聞いたんです。

睡眠不足で、目の下も黒っぽくなっちゃって。

藤原

店の人

店の人：ストレス解消のために来られる方も多いですね。それから、お宅ではこのクリームをお使いになると、もっと効果があると思いますよ。

藤原：これって、タレントの浜川あゆみさんも使っていらっしゃるんですよね。

店の人：ええ。それでお店に出すと、すぐ売り切れになってしまうほどなんですよ。実は私も使ってみたところ、1週間ぐらいですぐに肌がつるつるになりました。

藤原：でも、今使っているクリームがまだあるので、それを使いきってから、買うことにします。それから、あのう、こちらに通う場合、費用はどのくらいかかるんですか。

店の人：それでは、お客さまに合ったコースを考えてみましょう。

藤原：ええ、お願いします。

語句・表現

エステティックサロン　피부 미용실
肌　피부
睡眠不足　수면 부족
黒っぽい　거무스름하다
エステ　「エステティック」의 준말. 피부 미용
マッサージ　마사지
ストレス解消　스트레스 해소
クリーム　크림
効果　효과
タレント　탤런트
お店に出す　가게에 내놓다
売り切れ　매절, 매진
つるつる　반들반들, 매끈매끈
使いきる　다 쓰다
コース　코스, 과정

ポイント・スタディ

❶ ～気味 ～기색, ～기미

A: 最近太り気味なので、スポーツでもしようと思っているんですけど、何をしたらいいでしょうか。

B: そうですね、やっぱり水泳がいいんじゃないですか。

❷ ～っぽい ～스럽다, ～ 같은 느낌이 들다

A: 部長、昨日お話しした会議の件ですが。

B: ああ、忘れてた。このごろ忘れっぽくなっちゃって……。

❸ ～ほど ～정도

A: 今日はボーナス日だろ？

B: いやあ、今年はゼロなんだ。家のローンもあるのに……。もう大声で泣きたいほどだよ。本当に……。

Point Study

❹ 〜ところ 〜었더니, 〜은 결과

A: ＡＢＣホテルのレストラン、もう予約できてる？
B: それが、さきほど電話してみたところ、もういっぱいで予約できないと言われまして……。
A: そうか。じゃあ、他のレストランにするか。

❺ 〜きる 다〜, 끝까지〜

A: 趙さん、あの分厚い本をもう全部読みきったんだって。
B: すごいね。文章も難しいのに……。

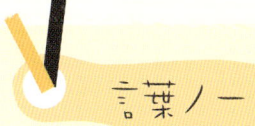

太り気味 살찌는 기미	ボーナス日 보너스 날	さきほど 조금 전
水泳 수영	ゼロ 0, 전혀 없다	分厚い (부피, 두께가) 두껍다, 두툼하다
件 건	家のローン 주택 융자금, 할부금	読みきる 다 읽다
忘れる 잊다	大声 큰 소리	文章 문장
	ホテル 호텔	〜のに 〜인데
	レストラン 레스토랑	
	予約する 예약하다	

15 ちょっと疲れ気味

会話練習

会話練習をしてみましょう！

1
～気味

A: 最近ちょっと <u>¹疲れ</u>気味なんだ。

B: ああ、そうなんですか。やっぱり ²<u>最近仕事がハードです</u>からね。
³<u>近くの温泉に行ってみる</u>のはどうですか。

A: そうだね。ちょっと考えてみるよ。

> ¹ 太り　　² 運動不足です　　³ 週に１回ジムに通う

2
～ほど

A: 最近、¹<u>昔のおもちゃ</u>が ²<u>若い人の間</u>で流行してるんだって？

B: ええ、³<u>珍しい物は10万円ぐらいで売られている</u>ほどなんですよ。

A: それはすごいなあ。

> ¹ 韓国エステ　　² 日本　　³ 本場の韓国に行くエステツアーもある

Exercises

練習の仕方 >> 1. ペアで話してみよう。 2. 入れ替えて話してみよう。 3. 自由に話してみよう。

3 ～ところ

A: 先日の件、どうなりましたか。
B: ええ、課長に **1** 事情を説明したところ、**2** 商品を見せていただきたいということでしたので、よろしくお願いいたします。

1 相談してみた **2** ぜひ取り引きをしたい

4 ～きる

A: 木村選手、ご感想を聞かせてください。
B: **1** 最後まで走りきれたので、**2** 本当によかったです。

1 自分の力を出し **2** 悔いはありません

15 ちょっと疲れ気味

ロールプレイ

チャレンジ文型を使ってロールプレイをしてみましょう！

Role Play

➡ ～気味　　～っぽい　　～ほど　　～ところ　　～きる

A: 最近だんだん太ってきたので、やせたいと思っています。Bさんにいい方法がないか相談してみてください。

B: Aさんから、最近太ってきたという相談を受けます。Aさんにアドバイスをしてください。

自由会話

自由に話し合ってみましょう！

Free Talking

1　最近ストレスがたまることがありますか。

2　どのようにストレス解消しますか。

3　何か困ったことがある時には、誰に相談しますか。

4　どのように健康に気をつけていますか。

16 お子さんが生まれそうだとかで

들은 일이나 추측한 것 말하기

【チャレンジ文型】
1. ～との
2. ～ということだ
3. ～とか
4. ～とかで
5. ～かねない
6. ～おそれがある

▶ 정말 헤어지게 될지도 몰라

※ 이 만화의 일본어 번역은 〈부록 p.172〉에 있습니다.

アップグレード会話

お子さんが生まれそうだとかで

会社で／西川武と田中純一

[西川部長と田中純一が朴昌浩社長のことを話している。]

西川： 田中君、明日のゴルフ、楽しみだね。ITコリアの朴昌浩社長も参加するし。

田中： 実は、それなんですが。ご参加できなくなったとのお電話がさきほどありました。急用ができたので後日あらためて、ということでした。

西川： ええっ！　そりゃあ残念だなあ。何かあったのかな？

田中： お子さんが生まれそうだとかで、さっき奥さんを産婦人科に連れて行かれたそうです。

西川： 出産か。そういえば、いつだったか、そのようなこと言ってたっけ。
男の子かな、それとも女の子かな？

田中

西川

田中： 女の子だそうですよ。

西川： えっ？ まだ生まれてもいないのに、どうしてわかるの？

田中： 病院で聞いたらしいですよ。

西川： ふうん……。

田中： 韓国では、女の子だとわかると、産まない人も少なくないとか。

西川： みんなが男の子ばかりほしがってると、男女比率が崩れかねないんじゃないかな。

田中： 結婚適齢期の男性があまるおそれがありますよね。

西川： だから、これからは、女の子の方がいいんだよ。

語句・表現

さきほど 아까, 조금 전
急用 급한 용무
後日 후일, 훗날
あらためて 다시
生まれる 태어나다
産婦人科 산부인과
出産 출산
それとも 아니면
産む 낳다
男女比率 남녀 비율
崩れる 무너지다
結婚適齢期 결혼 적령기
あまる 남다

ポイント・スタディ

❶ 〜との 〜라고 하는, 〜라는

A: 彼は今ごろどうしてるかな？
B: 元気でいる**との**便りが先週届きましたよ。

❷ 〜ということだ 〜라고 한다, 〜란다

A: 明日の予定について、部長は何かおっしゃいましたか。
B: 特別な用事はないから、好きにしろ**ということ**でした。

❸ 〜とか 〜라거나, 〜라든가

A: 今回の事件も沼田が怪しいな。
B: 現場付近でやつを目撃した人がいる**とか**。

❹ 〜とかで 〜라며

A: あの国は選挙戦の真っ最中だ**とかで**、大変らしいですね。
B: 今回は進歩的な若手が善戦しているみたいですね。

Point Study

❺ 〜かねない 〜을 우려가 있다, 〜을지 모른다

A: えりかったら、近頃ずいぶんがんばってるわね。

B: あんまり無理すると、体をこわしかねないよ。

❻ 〜おそれがある 〜을 우려가 있다

A: 有名な予言者が、近いうちに大異変が起きるおそれがあるって言ったんだって。

B: どうせまたまやかしだろ。

言葉ノート

	怪しい 의심스럽다	あんまり 너무
	現場付近 현장 부근	こわす 고장내다, 탈내다
	目撃する 목격하다	有名だ 유명하다
便り 소식, 편지	選挙戦 선거전	予言者 예언자
届く 도착하다	真っ最中 한창 ~할 때	近いうちに 가까운 시일 안에
予定 예정	進歩的だ 진보적인	大異変 대이변
特別だ 특별하다	若手 청년, 젊은이	どうせ 어차피
用事 일, 용무	善戦する 선전하다	まやかし 속임수, 가짜

会話練習

会話練習をしてみましょう！

1 〜との

A: 来ていないのは <u>¹金恵英さん</u> だけだね。

B: <u>¹金恵英さん</u> なら、<u>²遅れる</u> との連絡がさっきありましたよ。

¹松本さん　²もうすぐ着く

2 〜とか

A: うわさによると、マリちゃん、<u>¹大のアニメ好きだ</u> とか。

B: そうなの。特に、<u>²「アルプスの少女ハイジ」</u> が好きなの。

¹吉本ばななの大ファンだ　²「キッチン」

Exercises

練習の仕方 ≫ 1. ペアで話してみよう。 2. 入れ替えて話してみよう。 3. 自由に話してみよう。

3
〜とかで

A: さきほど **¹銀行から ²山田商事の手形は決済できない**との電話がありました。
B: ええっ、**³いったいどうしたのかな**。
A: なんでも、**⁴不渡りを出した**とかで、**⁵社長が夜逃げした**そうです。

¹ 石井課長　² 明日のハイキングに参加できなくなった　³ 何か急用でもできたのかな
⁴ 風邪をひいた　⁵ 寝込んでいる

4
〜おそれがある

A: **¹この箱には触らない**方がいいですよ。
B: どうしてですか。**²毒ガスか何かが出る**おそれでもあるんですか。

¹ あっちの道は行かない　² 崖崩れの

ロールプレイ   Role Play

チャレンジ文型を使って
ロールプレイをしてみましょう！

➡ ～との　～ということだ　～とか　～とかで　～かねない　～おそれがある

A: 知らない人から電話をもらい、ある伝言を頼まれました。Bさんにメッセージを伝えてください。

B: Aさんから伝言の内容や事情を確かめてください。

自由会話   Free Talking

自由に話し合ってみましょう！

1. あなたは最近、どんな伝言を頼まれましたか。

2. 学校時代のクラスメートや先生には、どんな名前の人がいましたか。

3. 人工受精や試験管ベビー、胎児の性別判定、人口問題や産児制限、ヒト・ゲノム(DNA地図)の解読や遺伝子操作などについてどう思いますか。

4. 日本の芸術作品に関して、作者や登場人物などの名前を知っていますか。ヒントを言い合いながら、思い出してみてください。

17 できないことはないですよ

부분 부정, 이중 부정으로 말하기

【チャレンジ文型】
1. ～とは限（かぎ）らない
2. ～わけがない
3. ～はずがない
4. ～ことは～が(けど)
5. ～どころではない
6. ～ないことはない

▶ 보긴 봤지만

※ 이 만화의 일본어 번역은 〈부록 p.172〉에 있습니다.

アップグレード会話

できないことはないですよ

大学で／金恵英（キムヘヨン）と細川和幸（ほそかわかずゆき）

[金恵英が細川和幸に論文（ろんぶん）のチェックをお願いしている。]

金　：細川先輩（せんぱい）、ちょっとお願いがあるんですけど……。この論文の日本語をチェックしてもらえないでしょうか。

細川：ああ、卒論（そつろん）？ 日本語で論文書くなんて、恵英さん、すごいね。

金　：いいえ、でも、あんまり自信（じしん）なくて……。細川先輩の専門分野（せんもんぶんや）と一致（いっち）する**とは限（かぎ）りませんけど**。

細川：専門分野じゃなくたって、読ませてもらうよ。で、いつまでに読めばいいの？

金　：明日のお昼までにお願いします。提出期限（ていしゅつきげん）が明日の午後3時ですから。

先輩なら、できないことはないはずです。

金

細川

細川： えっ、明日の昼まで？こんなにいっぱい！それに今、午後5時だよ。読める**わけない**よ。

金　： 先輩は文学専攻(せんこう)ですから、読めない**はずない**ですよ。大丈夫、大丈夫。

細川： 今週中だったら、なんとか読める**ことは**読めるだろう**けど**、どうして今ごろ持ってくるの？僕もレポートかかえてて、それ**どころじゃない**のに……。

金　： 先輩なら、でき**ないことはない**はずです。私は徹夜(てつや)つづきなんで、早く寝ないと。じゃ、明日また来ます。

細川： えーっ！あっ、ちょっ、ちょっと。あ〜あ、行っちゃった。もう、まったく！

語句・表現

卒論　「卒業論文」의 준말. 졸업 논문
お願い　부탁
チェックする　체크하다
自信　자신
専門分野　전문 분야
一致する　일치하다
提出期限　제출 기한
文学　문학
専攻　전공
かかえる　떠안다
徹夜　철야
つづく　계속되다
まったく　정말, 참

ポイント・スタディ

❶ 〜とは限らない (반드시, 항상) 〜인 것은 아니다

A: 相撲は、体の大きいやつが勝つとは限らないんだ。
B: だから、おもしろいんですよね。

❷ 〜わけがない 〜을 리가 없다

A: 君、陰で、僕のことボロクソに言ってるんだって。
B: 尊敬する先輩に対して陰口なんて言うわけがないですよ。

❸ 〜はずがない 〜을 리가 없다

A: あれ、ここにあった財布、知らない？
B: いや、見なかったよ。
A: たしかにここに置いたのに。ないはずがないんだけど。

Point Study

❹ **〜ことは〜が(けど)** 〜기는 하지만

A: あの人はものすごい金持ちだそうですね。
B: 金があることはあるけど、ケチですよ。

❺ **〜どころではない** 〜을 겨를이 없다

A: 中田先生に結婚式の仲人をお願いしたいんだけど……。
B: 先生、離婚の危機らしいから、それどころじゃないと思うよ。

❻ **〜ないことはない** 〜지 않지는 않다, 〜을지 모른다

A: 先輩、私に誰か、いい人を紹介してくれませんか。
B: 紹介しないことはないけど、恵英さんが卒業してからね。

言葉ノート

	尊敬する 존경하다	仲人 중매인
	陰口 험담	離婚 이혼
	置く 두다, 놓다	危機 위기
相撲 스모	ものすごい 대단하다, 굉장하다	紹介する 소개하다
勝つ 이기다	金持ち 부자	卒業する 졸업하다
陰で 뒷전에서	ケチ 구두쇠	
ボロクソに 형편없이	結婚式 결혼식	

17 できないことはないですよ 141

会話練習

会話練習をしてみましょう！

1

〜とは限らない

A： ¹串焼きって²焼き鳥のことですか。

B： いや、²焼き鳥とは限りませんよ。

¹韓国の伝統芸能　²パンソリ

2

〜わけがない

A： ¹司会者が休みなので、代わりにしてください。

B： いえ、そんな、一度もしたことないので。

A： 大丈夫ですよ。²小沢さんなら、初めてでも何でも、できないわけがありませんよ。

¹先生　²黒木さん

3
～どころではない

A: すみません。¹お金を貸してくれませんか。

B: うちも²借金だらけで、³人に貸すどころじゃないんですよ。

¹うちの息子を雇って ²経営難 ³新規採用

4
～ないことはない

A: 私、ちょっと出かけるから、¹赤ん坊の世話お願いね。

B: そんな、²ビデオ見ようと思ってたのに。

A: ³赤ん坊の世話ぐらい、⁴ビデオ見ながらでもできないことないわよ。

¹留守番 ²昼寝しよう ³留守番 ⁴昼寝しながら

17 できないことはないですよ 143

ロールプレイ

チャレンジ文型を使って
ロールプレイをしてみましょう！

Role Play

➡ ～とは限らない　～わけがない　～はずがない　～ことは～が　～どころではない　～ないことはない

● おだてる　치켜세우다

自由会話

自由に話し合ってみましょう！

Free Talking

1　誰かに無理なお願いをするとき、どう言いますか。

2　誰かから無理なお願いをされたことがありますか。
　　そのとき、どうしましたか。

3　最初はできないと思っていたのに、やってみるとできた、あるいは、努力
　　してやり遂げたという体験があると思います。そのことを話してください。

18 くやしくてたまらない

억누를 수 없는 감정 표현하기

【チャレンジ文型】
1. 〜ざるをえない　　2. 〜てしょうがない　　3. 〜てたまらない
4. 〜かぎりだ　　　　5. 〜ないわけにいかない

▶ 화가 나서 미치겠네

※ 이 만화의 일본어 번역은 〈부록 p.172〉에 있습니다.

アップグレード会話

くやしくてたまらない

営業会議で／西川武・田中純一
ITコリアの応接間で／田中純一と朴昌浩

[営業会議で西川部長がみんなを叱咤している。]

西川： わが社の今年の販売実績は不振だぞ。いったい、どうしたんだ？

田中： すみません。われわれの努力不足だと言わ**ざるをえません。**

西川： そんな中でも、わがチームの個人成績1位は藤原君だ。みんな、拍手！

藤原： ありがとうございます。私なりの努力が実って、うれしい**かぎりです。**

西川： 会社は今リストラしたく**てしょうがない**んだ。前にも言ったが、今年度分のノルマが達成できなかったら、成績のいちばん悪い者からボーナスが減るぞ。

[田中純一がＩＴコリアにセールスに来ている。]

田中：今日は一つ折り入って、お願いしたいことがあるんですが……。

朴　：いったい、どうしたんですか。かしこまって。

田中：お車の買い替えのご予定などはございませんでしょうか。ドイツの車もいいですが、うちの車は、燃費、安全性ともに、より優れています。

朴　：そりゃ、お宅の車がいいことくらい知っていますけど。

田中：実は、何がなんでも売らないわけにはいかないんです。うちのチームの売り上げトップは藤原さんで、くやしくてたまらないんですよ。なんとか、お願いします。

朴　：でも僕、実はもう、その藤原さんから買うことになってるんですが。

田中：ええっ！ そんなあ……。

語句・表現

応接間　응접실
叱咤する　질타하다
わが社　우리 회사
不振だ　부진하다
実る　결실을 맺다
見習う　본받다
リストラ　구조 조정
今年度　금년도
ノルマ　노르마, 할당된 노동의 기준량
達成する　달성하다
ボーナス　보너스
減る　줄다
折り入って　긴히, 각별히
買い替え　교체
燃費　연비
〜ともに　〜 모두
優れる　뛰어나다, 우수하다
売り上げ　매출, 매상
トップ　톱
くやしい　분하다

ポイント・スタディ

❶ 〜ざるをえない 아무래도 〜지 않을 수 없다

A: こんな面倒臭い仕事やりたくないけど、上司の命令だから従わざるをえないよな。
B: 平社員のつらいところだね。

❷ 〜てしょうがない 〜어서 안달이다

A: 佐藤君、そわそわしてしょうがないみたいね。
B: 彼女からの電話でも待ってるのかな。

❸ 〜てたまらない 〜어서 죽겠다, 〜어서 견딜 수가 없다

A: 何か食べる物ない？
B: えっ、さっき食べてから、そんなにたってないじゃない。
A: でも、おなかがすいてたまらないんだもん。

Point Study

❹ 〜かぎりだ 지극히 〜

A: 大賞をお取りになって、今のお気持ちは？
B: このような栄えある賞をいただいて、身に余る光栄です。
A: 会場にお母さまもお越しですが、一言お願いします。
C: 苦労して育てたかいがありました。うれしいかぎりです。

❺ 〜ないわけにはいかない 〜지 않을 수 없다

A: 早退したいって？どうして？
B: 友人のお父さんのお葬式で、参列しないわけにはいかないんです。

言葉ノート

面倒臭い 귀찮다, 성가시다	つらい 괴롭다	光栄 영광
上司 상사	そわそわする 안절부절못하다	会場 회장
命令 명령	そんなに 그렇게	お越しだ 오시다, 가시다
従う 따르다	たつ (시간이) 지나다	かい 보람
平社員 평사원	おなかがすく 배고프다	早退する 조퇴하다
	大賞 대상	友人 친구
	栄えある 영광스러운	お葬式 장례식
	身に余る 분에 넘치다, 과분하다	参列する 참석하다

会話練習

会話練習をしてみましょう！

1 〜ざるをえない

A： 何かあったんですか。

B： <u>¹会社の金を使いこんだ</u>のがばれて、<u>²退職せ</u>ざるをえなくなったんです。

¹不倫していた　　²離婚せ

2 〜てたまらない

A： <u>¹初めて会ったとき</u>から、<u>²君のことが好き</u>でたまらなかったんだ。

B： えっ、でも、<u>³そんなこと急に言われても</u>……。

¹同じ中学に通っていたころ　　²あいつのことが嫌い　　³みんなに人気があったよ

Exercises

練習の仕方 ≫ 1. ペアで話してみよう。 2. 入れ替えて話してみよう。 3. 自由に話してみよう。

3 〜かぎりだ

A: 今回、¹昇進が見送られて残念だったわね。

B: ²家庭もかえりみずに³会社のためにがんばったのに、認められなくて⁴くやしいかぎりだよ。

¹大会に出場できなくて　²寝る暇も惜しんで　³チーム　⁴腹立たしい

4 〜ないわけにはいかない

A: すみません、明日お休みいただけないでしょうか。

B: うん、どうしたの？

A: 実は、¹兄がアメリカ支社に栄転になりまして、明日²出発の予定なんです。

B: それは、³見送りに行かないわけにはいかないね。

¹息子が国体の代表選手　²決勝戦　³応援

ロールプレイ　チャレンジ文型を使ってロールプレイをしてみましょう！　Role Play

➡ ～ざるをえない　～てしょうがない　～てたまらない　～かぎりだ　～ないわけにいかない

自由会話　自由に話し合ってみましょう！　Free Talking

1. 今までにくやしくてたまらなかったことがあれば、話してください。
2. 販売実績の不振なチームの部長の立場に立って、成績を上げる方法を考えてみてください。
3. 先生や上司が学生や部下を叱るとき、どんな表現を使うでしょうか。

19 全力をあげようじゃないか
권유, 충고 등 표현하기

【チャレンジ文型】
1. 〜ことだ
2. 〜ものだ
3. 〜んだ
4. 〜べきだ
5. 〜(よ)うではないか

▶ 학생은 공부를 해야 해

※ 이 만화의 일본어 번역은 〈부록 p.172〉에 있습니다.

アップグレード会話

全力をあげようじゃないか

会社での朝礼で／西川武・田中純一・藤原えりか・松本なな子

[西川部長が朝礼でみんなにハッパをかけている。]

西川： みなさん、おはよう！

全員： おはようございます。

西川： さあ、朝礼だ。今日から3月、いよいよ決算の月だ。田中君、うちのチームの先月までの成績は？

田中： 達成率95％、あと少しです。

西川： 先月は、みんなよくやった。だが、目標というものは、超えるためにある**ものだ**。いいか。今月末には110％になるようにする**んだ**。

藤原： あのう、部長、6月に出す新型高級車の限定予約は、いつまで続けるんですか。

目標達成まで、一つ全力をあげようじゃないか。

西川：「あれは今月限り、来月はもうありません」というさくせんなんだ。

松本：じゃ、大衆車の割り引きセールの方は？

西川：あれも今月末で終わりだから、お客さまに「こんなにいい条件はうちだけで、それももう終わりですよ」といって強く薦めることだ。

松本：ところで、藤原さんは何かいい戦術があるんだって？

藤原：えへへ……。秘密ですが、ちょっとだけ言うと、プレゼント作戦です。

松本：いいなあ、一人だけ経費を使って。

西川：藤原君は個人負担でやってるんだ。みんなも見習うべきだぞ。ともかく目標達成まで、一つ全力をあげようじゃないか。

田中：ボーナスを楽しみにして……。

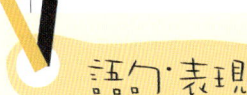

朝礼　조회
ハッパをかける　격려하다
いよいよ　드디어
決算　결산
達成率　달성률
あと少し　앞으로 조금
超える　넘다
新型　신형
高級車　고급차
限定予約　한정 예약
大衆車　대중차, 소형차, 경차
割り引きセール　할인 세일
終わり　끝, 마감
薦める　권하다, 추천하다
戦術　전술
プレゼント作戦　선물 작전
個人負担　개인 부담
全力をあげる　전력을 다하다

ポイント・スタディ

❶ 〜ことだ 〜어야 하다

A: 胃腸がずいぶん弱っていますね。アルコール類を控えて、休養をたっぷり取ることです。

B: わかりました。ありがとうございます。

❷ 〜ものだ 당연히 〜는 법이다

A: 主婦は家事に専念するものだよ。

B: そんな古い考えを押しつけないで。

❸ 〜んだ 〜어야 하다, 〜어라

A: おい、金を出せ。

B: で、でも、お金、持ってないんです。

A: うるさいっ！！
つべこべ言わずに言うとおりにするんだ。

B: は、はいっ。

Point Study

❹ ～べきだ ～어야만 마땅하다

A: 英語は何歳ぐらいから教えるのがいいでしょうか。
B: 早いほどいいですよ。胎教にも英語を取り入れる**べき**です。
C: そうでしょうか。母国語をしっかり覚えた後で、学ばせる**べき**です。中学校からで十分です。

❺ ～(よ)うではないか ～지 않겠느냐, ～자꾸나

A・B: おめでとう！
C: ありがとうございます。これも先輩のおかげです。
A: まあまあ、とりあえず、乾杯といこうじゃないか。

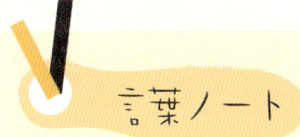

	たっぷり 충분히	母国語 모국어
	家事 집안일, 가사	しっかり 확실히
	専念する 전념하다	学ぶ 배우다
胃腸 위장	古い考え 구태의연한 사고	おめでとう 축하해
弱る 약해지다	押しつける 강요하다, 밀어붙이다	～のおかげだ ～덕분이다
アルコール類 알코올류	つべこべ 이러쿵저러쿵, 쫑알쫑알	とりあえず 우선, 일단
控える 삼가다	胎教 태교	乾杯 건배
休養 휴양	取り入れる 도입하다	

19 全力をあげようじゃないか

会話練習

会話練習をしてみましょう！

1 ～ことだ

A: ¹皿洗い、私がするわよ。

B: いや、いいよ。君は²身重なんだから、それより³ゆっくり休むことだよ。

¹お掃除　²病気なんだ　³寝ている

2 ～ものだ

A: ¹女は²社会進出なんてしなくてもいいんだよ。³家でじっとしてるもんだ。

B: ちょっと、⁴今ごろそんな時代遅れなこと言ってると、みんなに笑われるわよ。

¹学者　²テレビなんか見　³文献によって研究する　⁴そんな古臭いこと

3
〜べきだ

A: 今日は、<u>¹早期英才教育の是非</u>について討論したいと思います。
B: 私は<u>²当然積極的にす</u>べきだという意見です。
C: 私は反対ですね。

¹日本の大衆文化の開放　　²早く全面開放す

4
〜(よ)うではないか

A: 今度の連休には家族そろって<u>¹ハイキングでも行こ</u>うじゃないか。
B: でも、<u>²もうすぐ期末テストだから</u>やっぱり<u>³勉強</u>しなくちゃ。

¹旅行しよ　　²友だちとの約束がある　　³そっちに行か

ロールプレイ

チャレンジ文型を使ってロールプレイをしてみましょう！

Role Play

➡ 〜ことだ　〜ものだ　〜んだ　〜べきだ　〜(よ)うではないか

自由会話

自由に話し合ってみましょう！

Free Talking

1. 家庭にはどんなセールスが来ますか。それらについて話してください。
2. 交通渋滞を緩和する方法について議論しましょう。
3. みんなが心を一つにして目標達成に向けて頑張る方法を考えてください。

20 美しい地球を残したいものです
감탄, 소망, 주장 등 표현하기

【チャレンジ文型】
1. ～(より)ほかない
2. ～ものがある
3. ～ことか
4. ～ことに(は)
5. ～ないものか
6. ～たいものだ

▶ 왠지 아쉽기도 해

※ 이 만화의 일본어 번역은 〈부록 p.172〉에 있습니다.

アップグレード会話

美しい地球を残したいものです

中国の現地調査で／李美淑（イ ミスク）・吉村康孝（よしむらやすたか）

[中国へ出張に行った李美淑と吉村康孝が環境破壊の現場を見ている。]

李　：うわあ、あの山の木は、ずいぶん枯れていますね。

吉村：悲惨というよりほかないですね。
　　　あれは酸性雨の被害として学界にも報告されています。

李　：自動車や工場などから出た汚染物質が雨に溶け込んで再び地上に戻ってくる、ということが問題なんですよね。

吉村：ええ。中国など、経済発展にはめざましいものがありますが、日本の高度成長期にあったようなひどい公害が起きなければいいですね。

李　：このまま環境破壊が進めば、人間に対する被害も出てくる可能性がありますね。

吉村：ええ。もしまた、あの時のような公害病が発生したら、どんなに恐ろしいことか。

李　：では、これから私たちにできることは、たとえば何でしょうか。

吉村：まずは、省エネやリサイクルなどに地道に取り組むことですね。幸いなことに、韓国でも相当関心が高まっていますね。

李　：ええ。でも、もっと国際的に、そのような気運が高まらないものでしょうか。これは一国だけの問題ではありませんから。

吉村：そうですね。美しい地球を新しい世代に残したいものです。

語句・表現

現地調査　현지 조사
枯れる　마르다, 시들다
悲惨だ　비참하다
酸性雨　산성비
汚染物質　오염 물질
溶け込む　녹아들다, 스며들다
再び　다시금
経済発展　경제 발전
めざましい　눈부시다, 놀랍다
高度成長期　고도성장기
公害病　공해병
省エネ　에너지 절약
リサイクル　재활용
地道に　착실하게, 꾸준히
取り組む　맞붙다, 대처하다, 노력하다

ポイント・スタディ

① 〜(より)ほかない ~을 수밖에 없다

A: 個人的な事情で、期末テストを受けられなかったんですが……。
B: 個人的な事情なら、不可にする**よりほかありません**ね。

② 〜ものがある 왠지 ~게 느낀다

A: 彼の主張には確固たる**ものがあります**ね。
B: そうですね。信頼が置ける感じですね。

③ 〜ことか (얼마나) ~인가

A: やった。ついにタイムマシンが完成したぞ。この日をどんなに待ち望んでいた**ことか**。
B: えっ、タイムマシンですか。
A: 100年後でも200年後でも願いどおりの未来に行けるんだ。
B: 未来にしか行けないんですか。
A: うん、残念ながら……。

Point Study

4 〜ことに(は) 〜게도

A: 田坂先生の娘さん、どうだった？
B: それが驚いたことに、先生にも奥さんにも似てなくて、すっごくかわいいの。

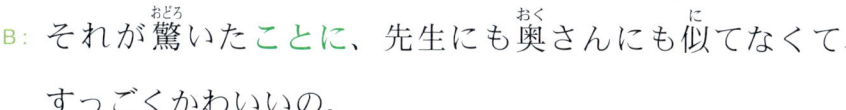

5 〜ないものか 〜지 않을까, 〜었으면 좋겠다

A: 次は、統一展望台からの映像です。
B: 離散家族の人たちは、北に残した家族に一目でも会えないものかと、今年もこの展望台にやってきています。

6 〜たいものだ 〜구나, 〜는 바람이다

A: 今年こそは、甲子園の土を踏みたいものですね。
B: うん、そのためには、猛特訓をしないといけないな。

言葉ノート

	タイムマシン　タイム머신	統一展望台　통일전망대
	完成する　완성하다	離散家族　이산가족
	待ち望む　기다리고 기다리다	一目でも　한번만이라도
個人的　개인적	願いどおり　원하는 대로	甲子園　고시엔 (고교 야구 전국 대회가 열리는 야구 경기장)
期末テスト　기말시험	未来　미래	
不可　불가, F	こないだ　요전날	踏む　밟다
確固たる　확고한	奥さん　사모님	猛特訓　맹특훈
ついに　마침내, 드디어	似る　닮다	

20 美しい地球を残したいものです 165

会話練習

会話練習をしてみましょう！

1 ～(より)ほかない

A: あの会社、¹50歳以上の人がほとんどリストラされているそうよ。

B: ううむ、²むごいというほかないな。

　¹ボーナスが去年の2倍も出た　　²うらやましいという

2 ～ことか

A: ¹初めて会った時は、²お互い緊張していたよね。

B: そうね。私もどんなに³ドキドキしたことか。

　¹初めてのデートの　　²ぎくしゃくしていた　　³恥ずかしかった

Exercises

練習の仕方 ≫ 1. ペアで話してみよう。 2. 入れ替えて話してみよう。 3. 自由に話してみよう。

3 〜ことに(は)

A: 何かあったの？ <u>¹うれしそうな顔</u>して。
B: <u>²道端で宝くじ拾ったんだ</u>けど、<u>³新聞見てみ</u>たら、<u>⁴うれしい</u>ことに<u>⁵一等賞が当たってたんだ</u>。

¹ うかない   ² 初恋の人に偶然会ったんだ   ³ ちょっと話をしてみ
⁴ 残念な   ⁵ もう結婚しちゃったんだって

4 〜ないものか

A: 私たちも、<u>¹あの鳥たちのように</u><u>²空を自由に飛べ</u>たらいいのにね。
B: そうだね。一日でいいから、<u>³そんな願いがかなわ</u>ないものかなあ。

¹ あの子どもたち   ² 純真な気持ちになれ   ³ 子どもの頃に戻れ

ロールプレイ　チャレンジ文型を使ってロールプレイをしてみましょう!　Role Play

➡ ～(より)ほかない　～ものがある　～ことか　～ことに(は)　～ないものか　～たいものだ

A: 公害や戦争などに反対する立場から、Bさんに話しかけてください。

B: Aさんの話にあいづちを打ちながら、それに対する感情を言ってください。

自由会話　自由に話し合ってみましょう!　Free Talking

1. 身のまわりの環境問題について話してください。
2. 環境保護のために何か実践していることがあれば話してください。
3. 環境保護のために、国や自治体がすべきことは何でしょうか。

부록
네 컷 만화 일본어 번역
롤플레이 답안례

네 컷 만화 일본어 번역

01 モーツァルトについて

① A：週末には何をしてお過ごしですか。
B：たいてい音楽を聞いています。
② A：あら、私もですよ。
私、クラシックが好きなんです。
B：あ、はあ……、私もです。
③ A：じゃあ、モーツァルトについてごぞんじですか。
B：(モーツァルトって誰だっけ？)……もちろん、よく知ってますよ。ファンですから。
④ A：まあ、私たちって、運命の赤い糸で結ばれているんじゃないかしら。
音楽雑誌によると、モーツァルト・マニア向けのCDが出たそうだけど、一緒に買いに行きましょう。
B：はあ……。

02 お誕生日の方に限って

① A：お誕生日の方に限ってケーキ特別サービス……。
B：一人で何ぶつぶつ言ってるんだ？
② A：あのお店、値段は安いし、誕生日の人にはケーキもくれるんだって。
B：本当？何だかあやしいな。
③ A：あやしいって？そんなひねた見方ばっかりするもんじゃないわよ。
B：いや、あの店、まずいうえに、サービスもひどいんだったら。
④ A：じゃ、ケーキのサービスは、営業戦略ってことね。
B：そうさ。君ばかりじゃなく、あの人たち、みんなだまされてるんだよ。

03 考え事してたとこ

① A：おい、何してんだ？
B：ん？ちょっと考え事してたとこだよ。
② A：今、忙しい時期じゃないのか？
B：ああ、たしかに忙しいんだけど……。
ただ、無心に働いているうちに、ふと「俺の青春って何だろう」って……。
③ A：じゃあ、本格的に忙しいわけじゃないんだな。
本当に忙しいときには、他のことを考えてる余裕なんかないよ。
B：ところで、何の用だ？
④ A：うん、実は、頼みがあって……。
B：そんなことだろうと思った。
君ってやつは、いつも困ったときだけ、訪ねてくるからな。

04 仕事のかたわら

① A：あなた！あなた！
B：……。
② A：もう、せっかく掃除でもさせようかと思ったら……。あなた！
B：何だよ？散歩がてら、たまには、裏山にでも登ってこようかと思ってるんだが。
③ A：たまにはですって？先週も登ったじゃない？
B：そうだっけ？まあ、それはそうと。何だい？
④ A：よそのご主人は、仕事のかたわら、ちゃんと家事も手伝ってくれるってよ。
B：また、小言か。わかった、わかったよ。やりゃいいんでしょ。

05 出てきたとたん

① A：あら、顔、どうしたの？
B：あ、これ？実は、昨日、うちに帰る途中……。
② A：けんかでもしたの？
B：いや、屋台でトッポッキを食べて出てきたとたん、オートバイがすごい勢いで走ってきたんで、よけようとしてつい……電信柱にぶつかっちゃったんだ。
③ A：まあ、病院には行ったの？
B：男たる者、これしきのことで。
それに、そのオートバイの男も、病院の診断書をもらってからでないと、治療費は払えないとか言うし……。
④ B：その男を行かせてはじめて気づいたんだけど、僕って、すごく人がいいよね。
A：？？？

06 経験をきっかけに

① A：ねえ、どんな女性が好き？
B：見かけはどうでもいいけど、性格のいい女性がいいな。
② A：ホント？男の人って、だいたい、年に関係なく、きれいな女性が好きなんじゃない？
B：まだまだ甘いな。ハンサムな男に一回ふられてみたら、君も考え方が変わるよ。
③ A：じゃあ、そういう経験をきっかけに、理想のタイプが変わったの？
B：そうさ。そのたびに、もう美人にはほれまい、と何度誓ったことか。
④ A：でも、美しくて性格も良かったら？私みたいに。
B：……。

07 僕なんかがまさか

① A：近頃、恋愛中なんだって？
　B：何言ってんだよ。僕なんかがまさか。アイちゃんにさえふられたんだから。
② A：そんなに悲観的にならなくてもいいじゃない。
　B：鉄郎(てつろう)だって、もうすぐ結婚するってのに。
③ A：鉄郎さんまで結婚しちゃったら、さびしいだろうね。
　B：君こそ、婚期を逃さないようにしなくちゃいけないんじゃないの？
④ A：そうね。お互いあんまり欲張らずに、私たちで結婚しちゃおっか？
　B：んっ！？あんまり欲張らずにだって？

08 君なりの魅力

① A：おい、こないだの見合い、どうだった？
　B：それが……、まったく、さっぱりだよ。
② A：なんで？相手がブスだったのかい？
　B：いや、僕なんかにはもったいないくらいさ。うわさどおりの美人だし、頭もいいし、家柄も立派で……。
③ A：で……？
　B：あちらさんから見れば、僕みたいなのが眼中にあるわけないよ。
④ A：そんなバカな。君には君なりの魅力があるんだから、きっといい人が見つかるさ。
　B：そうかな。

09 硬派どころか

① A：君の彼氏、見かけによらず、硬派なんだって？
　B：硬派どころか、軟弱で困ってるのよ。彼と一緒にジェットコースターに乗ってみたいのに……。
② A：そうかい？じゃあ、俺が彼氏になろうか。
　B：……。
③ A：俺は、ジェットコースターだろうがホラー映画だろうが、恐いものなしだぜ。
　B：たしかに硬派かもしれないけど、紳士的じゃないから、いやよ。
④ B：やっぱり、女性への思いやりのある人に限るわ。そういった意味では、彼が最高ね。
　A：…。

10 恋愛って何だろう

① A：宝くじでも当たったの？ニタニタしちゃって……。
　B：恋愛って何だろう、って考えてたんだ。

② A：恋愛？愛は忍耐強い。愛は情け深い。ねたまない。……。
　B：それじゃ、聖書だよ。
③ A：じゃあ、何なのよ、恋愛ってのは？もう、だしぬけに……。
　B：恋愛といえば、そうだなあ、やっぱり初恋が一番。僕の初恋は、高校2年のとき…。
④ A：高校2年のとき？私が初恋だって言ってたじゃない？
　B：あ？いや、そ、それは……。

11 財閥の御曹司でありながら

① A：ねえ、知ってた？
　B：何を？
② A：敏(さとし)って、財閥の御曹司(おんぞうし)なんだって。
　B：なに？財閥の御曹司でありながら、あんなにアルバイトしまくってたのか。
③ A：金持ちといっても、お父さんが金持ちなだけじゃない。
　B：そりゃそうだけど、それにしても、ドケチすぎる。
④ A：自分だって、ケチなくせに……。
　B：……。

12 あまりのハードスケジュールに

① A：どうしたの？顔色、悪いわよ。
　B：一日に試験が三つも重なってね、あまりのハードスケジュールに、体がまいったみたい。
② A：また一夜漬けしたの？
　B：うん、でも、そのおかげで、問題は全部解けたよ。
③ A：でも、無理して、病気になったら、意味ないよ。
　B：大丈夫だったら。こう見えても、体力には自信あるから。
④ A：ちゃんと休息も取って、頑張ってね。
　B：むーーっ、そのことばで、元気がわいてきたぞ。

13 しようがありませんね

① A：あのう、こないだお願いのあった件なんですが……。
　B：はい。
② A：事情があって、お引き受けできなくなったんです。
　B：え、どうして？ぜひやらせてほしい、と言ってたじゃないですか。
③ A：それが……。
　B：困りましたね。こんな調子では、一緒にお仕事しかねますよ。

171

④ A：実は、新日本商事の方が、2倍の金額を提示してきたんです。
B：2倍？それじゃ、しようがありませんね。

14 会社さえ休みなら

① A：ああ、いい天気だなあ。会社さえ休みなら、どっか遊びに行くのに。
B：たとえ休みでも、別の問題があるだろ？
② A：別の問題って？
B：こんないい天気に、恋人も連れず、一人で出かけたら、わびしくなるぜ。
③ A：ただでさえ、失恋の痛手から立ち直れないでいるのに、さらに心の傷をえぐるか。
B：へへ、ごめん。
④ A：ほんとに悪いと思うなら、お前の妹でも紹介しろよ。
B：俺の妹、まだ小学生だよ。

15 天にも昇るほどの心地

① A：どうしたの？その格好。
B：きょう、体育大会だったじゃん。
② A：ああ、それで顔も服も、泥だらけなのね。
B：サッカーしてて、ころんじゃって……。
③ A：サッカー？大木君が？
B：そうさ。俺がハットトリックを決めたんだぜ。
④ A：うっそー、すっごーい。
B：実力を出しきったし、天にも昇るほどの心地だよ。

16 本当に別れることになりかねない

① A：お前、明美(あけみ)と別れたんだって？
B：何言ってんだよ？ついさっきまで、二人で一緒にいたのに。
② A：学校中のうわさになってるぜ。
お前が、二股かけていたのが明美にばれて、ふられたとか……。
B：何だって！？
③ A：その相手が、水商売の女だとかで、何て言ってたかな？
B：誰がそんなことを……。きっと令子(れいこ)の陰謀だな。
④ A：ひょっとすると、お前のこと、好きなのかもな。
B：うわー、そりゃまずい。本当に別れることになりかねないよ。

17 見ることは見たけど

① A：昨日借りたビデオ、どうだった？
B：見ることは見たけど、早口すぎて、何言ってるのか、さっぱり聞き取れなかったよ。

② A：まさか、野比(のび)君が聞きとれないはずないわ。
B：僕だって、何でも聞き取れるとは限らないよ。
③ A：あ、ところで、発表の準備して来た？
B：え？発表？何の？
④ A：野比君、きょう、発表じゃない、現代文学。
B：あ、しまった。こんなとこで立ち話なんかしてるどころじゃないや。お先！

18 腹が立ってしょうがない

① A：まったく腹が立ってしょうがないわ。
B：どうしたの？
② A：さっき、祥子(しょうこ)の会社の近くに行く用事があったんで、ちょっと電話したら、忙しいからって、プツンと切るのよ。
B：仕事中だから、しかたないわよ。
③ A：いくら忙しくたって、私に対して、そんな……。
B：祥子んとこの会社、近頃、険悪な雰囲気なんだって。だから、切らないわけにいかなかったのよ、きっと。
④ A：それならそうと早く言えばいいのに……。
B：……。

19 学生は勉強するもんだよ

① A：ゲームセンター行こうぜ。
B：いつ？
② A：いまからだよ。
B：いま？授業はどうすんだよ？
③ A：たまにはサボってもいいじゃないか。
B：いや、だめだよ、そんな……。
④ A：なんだ、人付き合いの悪いやつだな。
B：学生は勉強するもんだよ。だから、授業にはちゃんと出るべきさ。

20 名残り惜しいものもある

① A：もうすぐ卒業ね。
B：1年生の時なんかは、卒業する日をどんなに待ち遠しく思ったことか。
② A：でも、いざ卒業となると、なんだか名残り惜しいものもあるわね。
B：そうね。もっといろんなことしておけばよかったって感じ。
③ A：就職はできたからいいけど、恵美(えみ)ちゃんと離れ離れになるのね。
B：ちょっぴりさみしいわね。
④ A：でも、会社も近いし、またいつでも会えるよ。
B：そうね。ずっと友だちでいようね。

롤플레이 답안례

01 答案例

A : 何か面白い本ない？
B : 面白い本って？何、読みたいの？
A : うーん、マンガでも何でもいいよ。
B : ああ、そうそう。「サザエさん」ならあるけど。でも、これは若者向けじゃないよ。
A : それでいいよ。ちょっと貸してくれる？
B : 今は手に入らない貴重な本だから、貸すことはできないな。うちに来て読むのはいいけど。

02 答案例

A : 履歴書に日本語能力試験1級と書いてありますが、いつ取りましたか。
B : 去年の12月に取りました。
A : どこで日本語を勉強しましたか。
B : 大学で3年半、それに加えて、学院でも勉強しました。
A : 韓国の人は、みんな勉強熱心ですね。
B : 今では、コンピューターと外国語は基本です。

03 答案例

A : もしもし、B食堂ですか。
昨日の夕方、そちらで食事をしたんですけど、手帳を置き忘れていませんでしたか。
赤くて小さい手帳です。
B : はいはい、小さい赤の手帳ですね。ありますよ。
店じまいの前に掃除をした際、ざぶとんの下から出てきました。
A : ああ、よかった。大事な手帳なんです。
すぐ取りにいきますから、すみませんけど、置いておいていただけますか。
B : はい、分かりました。あの、お名前は？
A : 赤塚(あかつか)と申します。
B : 赤塚さんですね。では、お預かりしておきます。

04 答案例

A : あら、お久しぶりですね。
どうしてこちらへ？
B : ちょっと近くに来たついでに寄ったんです。
石井(いしい)さんこそ、どうして？
A : ここの8階で、今、写真展が開かれているでしょう。
それで、ドライブがてら、来てみたんです。
固いあいさつはぬきにして、食事でもご一緒にいかが？
B : すみません。せっかくですけど、ちょっと人を待たせているものですから。
A : そんなに時間がないんですか。残念ですね。それじゃ、また今度。
B : ええ、じゃ、失礼します。

05 答案例

A : 実は、圭子(けいこ)さんに会った瞬間、体中にビリビリッと電気が走ったんです。
僕の運命の人だと直感しました。
B : ごめんなさい。私は特に何も感じなかったんですけど……。
A : あれ以来、夜も眠れないんです。
B : じゃ、本を読むか、薬を飲むかしたら、いいんじゃないですか。
A : い、いえ、そういう問題じゃ……。
僕と交際してください。
B : え、急にそんなこと言われても……。
少しゆっくり考えてからでないと……。
A : ということは、希望を持っていいんですね？
B : 私の方からご連絡さしあげますので、それじゃ……。

06 答案例

A : おっ、主役のオーディションだって。
B : へえ、すごい競争率だろうね、きっと。
A : 僕も応募してみようかな。
B : やめとけよ。無理無理。
鏡に相談してみなさい。
A : 俳優は顔じゃないよ。個性だよ。
場合によっては、世紀の大スターになれるかも。
そうなったら、付き人ぐらいにはしてあげるよ。
B : そんなの夢のまた夢。

07 答案例

A : 岩崎、一緒に英会話塾に通わないか。
B : 英会話なんて、いやだよ。
A : でも、いい会社に入ろうと思ったら、英語は必須だよ。
B : 英語なんかできなくても、他にセールスポイントがあればいいだろ。

A：例えば？
B：例えば、日本全国の方言を使いこなせるとか。
A：へえ、君、できるの？
B：いや、例えばの話。

08 答案例

A：（新聞を見ながら）
　　また高校生による犯罪か。
B：ここ数年、青少年犯罪は増える一方で、しかも凶悪化しているね。
A：どうしてでしょうね。
B：まあ、いろんな原因が考えられるけど、結論から言うと、マスコミの責任が大きいだろうね。
A：と言いますと？
B：目先の利益だけにとらわれて、青少年に悪影響を与える可能性の高い映画やドラマなんかを垂れ流してるからね。

09 答案例

A：田中さんも一曲どうぞ。
B：いや、遠慮しときます。
A：そんなこと言わないで、歌ってくださいよ。
B：朴社長は歌が上手なのにひきかえ、私は音痴なもんですから。
A：またまたご謙遜を。
B：謙遜じゃなくて本当に。
　　じゃあ、歌うかわりに、手品を一つお見せします。

10 答案例

A：ねえ、ちょっと、相談にのってくれる？
B：なあに？いったい、どうしたの？
A：私、恋しちゃったみたい。
B：誰に？
A：同じクラスの山中(やまなか)君。
B：ええっ、あの暴れん坊の？
A：目が合うだけで、ドキドキしちゃうの。
B：「恋は盲目」っていうのは本当ね。
　　もう少し冷静になって考えるのよ。

11 答案例

A：先輩、お忙しいところをすみません。
　　実は、就職のことで、ご相談がありまして……。
B：うん、どういうこと？

A：やりたいことはいろいろあるんですが、その中で「これ」というのが見つからなくて、困っているんです。
B：まず、自分の適性を知ることが大事だね。
A：そうですね。でも、何より、自信がないのが問題なんです。みんなから「実力もないくせに」といわれそうで、それが恐いんです。
B：そんなことを恐れていたら、何もできないよ。
　　まわりの目なんか気にせず、どんどんトライすることだよ。

12 答案例

A：先生、このたびは、受賞おめでとうございます。
　　早速ですが、あの作品の主人公は、先生ご自身ではないでしょうか。
B：さすがベテラン記者だけあって、鋭いですね。
　　そのとおりです。
A：ということは、実際にあのような体験をなさったんですか。
B：事実だけを述べた自伝ではありませんが、実体験があったからこそ、あの小説が書けたということは言えます。
A：そうですか。
B：苦しみを味わったおかげです。

13 答案例

A：私の考案したこの新商品は、まさに画期的なものです。現在の技術で作り得る最良のものといえると思います。
B：うーん、でも、簡単に開発できるとは言いがたいね。
A：しかし、やってみるだけの価値はあります。
B：すぐには結論を出しかねるな。
A：ずいぶん慎重ですね。
B：当然だろ。経営者としては、軽率な判断をするわけにはいかないよ。

14 答案例

A：結婚相手を選ぶ時、何を一番重要視する？
B：そりゃ、やっぱり愛よ。
　　私をどれだけ愛してくれるか、ってこと。
A：そうかなあ？
　　たとえ愛があっても、お金がなかったら、幸せな家庭は築けないんじゃない？

B：ううん、お金なんかなくても、愛さえあれば、幸せになれるわよ。
A：ずいぶんロマンチストなのね。現実は厳しいわよ。
B：あんたこそ、夢のかけらもないのね。

15 答案例
A：最近、少し太り気味なの。
　　やせたいんだけど、何かいい方法ない？
B：そんなに太っているようには見えないけど。
A：会社の仕事でストレスがたまるもんだから、ついつい食べてしまうの。
B：じゃあ、あまり食べないように気をつけるとか、毎朝ジョギングするとか……。
A：できれば、そんな苦労をせずにやせたいんだけど。
B：それじゃ、恋をすることね。きっとやせるわよ。

16 答案例
A：あのう、原田（はらだ）さんという方からお電話がありましたけど。
B：あ、そうですか。で、何と言ってました？
A：今夜のパーティーに出席できなくなったとのことです。
B：えっ、どうしてですか。
A：急に大事な用事が入ってしまったとか。
B：そうですか。それはしかたないですね。

17 答案例
A：すみません。ちょっとワープロを打ってほしいんですけど……。
B：ええ、いいですけど、どのくらいですか。
A：400字詰原稿用紙で800枚ぐらいです。あさってまでにお願いします。
B：ええっ、そんなにたくさん？しかも、あさってまで？無理ですよ、ぜったい。
A：いいえ、大丈夫ですよ。
　　校内のワープロ早打ち大会で優勝した山口（やまぐち）さんなら、明日一日、どこにも行かずに頑張れば、できないことはないですよ。
B：できるわけないでしょ。そんな身勝手な……。
A：冷たいなあ。
B：誰か他の人に頼んでください。

18 答案例
A：この美肌（びはだ）クリーム、とってもいいのよ。
　　お風呂上がりに塗ると、お肌がすべすべになるの。
B：ほんと？すごい。私もそんなクリームほしいなあ。
A：実はねえ、私、先月からここの化粧品メーカーのセールス始めたんだけど、今月こそは、売らないわけにはいかないの。
　　安くするから、お願い、買って。
B：なあんだ、そういうこと。
　　友だちとして、助けてあげたいところだけど、今はちょっと……。
A：どうして？せっかく安く買えるチャンスなのに。
B：来年、日本に語学研修に行くことにしたの。
　　それで、お金ためないといけないんだ。

19 答案例
A：昨日、「面接試験必勝法」ってセミナーに行ってきたんだけど、なかなか良かったよ。
B：あ、そう。でも、その手のセミナーって、あまり役に立たないっていうよ。
A：そんなことないよ。役に立つかどうかは、自分の受け止め方次第だよ。
B：ううん、そんなもんかな。
A：とにかく、何でも積極的にやってみるべきだよ。
B：それはそうかもね。
A：そうだよ。試行錯誤を繰り返して、自分の道を切り開くことだよ。
B：なるほど。チャレンジ精神が重要ってわけだな。

20 答案例
A：昨日のニュース、見ましたか。
B：あのテロのニュースですか。
A：悲惨と言うほかないですね。
B：ええ、本当に恐ろしいですね。
A：これまで、どれだけ多くの人が殺されたことか。
B：テロや戦争なんてものが、この地球上からなくならないものでしょうか。
A：一日も早くそんな日が来るといいですね。
B：安心できる平和な世界に住みたいものです。

New 다락원 일본어 Step 4

지은이 二日市壯, 吉本一, 門脇薫, 鄭大成
펴낸이 정규도
펴낸곳 (주)다락원

초판 1쇄 발행 2002년 5월 28일
초판 10쇄 발행 2006년 9월 15일
개정1판 1쇄 발행 2007년 4월 15일
개정1판 13쇄 발행 2024년 8월 26일

책임편집 이경숙, 김자임
디자인 서해숙, 오연주
일러스트 조영남

㈜다락원 경기도 파주시 문발로 211
내용문의: (02)736-2031 내선 460~465
구입문의: (02)736-2031 내선 250~252
Fax: (02)732-2037
출판등록 1977년 9월 16일 제406-2008-000007호

Copyright ⓒ 2002, 다락원

저자 및 출판사의 허락 없이 이 책의 일부 또는 전부를 무단 복제·전재·발췌할 수 없습니다. 구입 후 철회는 회사 내규에 부합하는 경우에 가능하므로 구입문의처에 문의하시기 바랍니다. 분실·파손 등에 따른 소비자 피해에 대해서는 공정거래위원회에서 고시한 소비자 분쟁 해결 기준에 따라 보상 가능합니다. 잘못된 책은 바꿔 드립니다.

ISBN 978-89-5995-282-3 18730
ISBN 978-89-5995-275-5 (세트)

http://www.darakwon.co.kr

- 다락원 홈페이지를 방문하시면 상세한 출판정보와 함께 동영상강좌, MP3자료 등 다양한 어학 정보를 얻으실 수 있습니다.
- 다락원 **Cyber 어학원** 내 〈일본어 공부방〉에서는 다양한 일본어 학습코너가 제공되고 있습니다.
- 다락원 홈페이지 자료실에서 **본문 회화의 해석, MP3 파일(무료)**을 다운로드 받으실 수 있습니다.